寻访

济南传统村落

章丘篇下

姜波 等 著

山东画报出版社

济南

图书在版编目（CIP）数据

寻访济南传统村落. / 姜波等著.—济南：山东画报出版社，2024.3

ISBN 978-7-5474-4720-8

Ⅰ.①走… Ⅱ.①姜… Ⅲ.①村落—介绍—济南 Ⅳ.①K928.5

中国国家版本馆CIP数据核字(2023)第256650号

XUNFANG JINAN CHUANTONG CUNLUO

寻访济南传统村落

姜波 等著

项目策划	秦 超
责任编辑	于 滢
装帧设计	李潇爽 许鑫泽 骆思宇

主管单位 山东出版传媒股份有限公司

出版发行 山东画报出版社

社 址 济南市市中区舜耕路517号 邮编 250003

电 话 总编室（0531）82098472

市场部（0531）82098479

网 址 http://www.hbcbs.com.cn

电子信箱 hbcb@sdpress.com.cn

印 刷 济南新先锋彩印有限公司

规 格 185毫米×260毫米 16开

65.75印张 1000千字

版 次 2024年3月第1版

印 次 2024年3月第1次印刷

书 号 ISBN 978-7-5474-4720-8

定 价 498.00元（全五册）

如有印装质量问题，请与出版社总编室联系更换。

编委会

总序

　　我国有着丰富多样的物质形态和非物质形态文化遗产的传统村落，这些村落承载着中华文明的悠久历史。然而，随着工业化和城镇化的快速发展，许多传统村落正在逐渐衰败甚至消失，具有鲜明建筑特色和深厚人文历史的传统村落保护已经变得刻不容缓。

　　在 2013 年的中央城镇化工作会议上，习近平总书记强调了保护传统村落的重要性，提出了让居民"望得见山、看得见水、记得住乡愁"。2014 年，住建部等四部委联合出台《关于切实加强中国传统村落保护的指导意见》，加大传统村落保护力度，实现传统村落可持续发展。近年来，山东省深入贯彻落实习近平总书记关于传统村落保护的重要指示批示精神，自 2020 年连续 4 年在省委一号文件中明确提出加强传统村落和传统民居保护，强化顶层设计，塑造齐鲁特色乡村风貌。

　　济南市住房和城乡建设局高度重视传统村落的保护工作，制定针对性政策支持申报和保护，并在积极挖掘整理济南市传统村落资源方面取得了显著成效。截至 2023 年，在公布的 6 批中国传统村落名录中，济南市共有 20 多个国家级传统村落和 40 多个省级传统村落，数量在全省各地市中名列前茅。

　　2018 年，济南市住房和城乡建设委员会专门成立了《走进济南传统村落》编撰委员会，邀请长年从事传统民居和传统村落研究工作的山东建筑大学姜波教授，承担丛书的主要撰写工作。2020 年，完成了《走进济南传统村落（一）》和《走进济南传统村落（二）》两本书作。这不仅是全国范围内对市级所拥有的国家级和省级优秀传统村落全面调研方面的首创，更是在全国传统村落保护中发挥了引领作用，为传统村落保护和传承发展提供了经验借鉴。

　　2022 年，济南市住房和城乡建设局重启传统村落的调研工作，继续邀请姜波教授承担该丛书的撰写任务。本次调研和撰写工作增加了寻访的村落数量，并在前两本书作的基础上极大地丰富了内容，调整了书作名称，以一种全新的面容呈现在读者面前。

　　我认为这套丛书有以下几方面意义：

　　一、有助于进一步加强对济南传统村落的保护与利用工作。

　　济南的优秀传统村落拥有悠久的历史，不仅保留了原有的建筑风貌，还遗存了大量的文物古迹，并具有独特民风民俗和深厚文化底蕴。因此，发现、保护和传承这些传统村落是当前及未来的重要任务。在前期对入选的国家级和省级优秀传统村落"一村一档案"基础上，济南市住房和城乡建设局又积极探索"传统村落+"模式，进一步促进传统村落的保护与利用。该丛书是对该局上述工作的强劲助力。

二、有助于提升济南的形象，树立独具特色的文化品牌。

济南拥有众多古朴、幽静的传统村落，这些村落具有深厚的历史文化积淀。

有效保护和利用传统村落，可以进一步提升济南文化形象，树立独特的城市文化品牌。这套丛书图文并茂地介绍了济南优秀传统村落，有助于加深人们对传统村落的了解，亦可为其历史文化找到承载体，唤起人们久远的记忆，增强人们的情感认同和文化认同。

三、这是发展乡村旅游产业的客观需要。

文化是旅游的灵魂，旅游是文化的载体。随着乡村旅游的不断发展，人们不再满足于对名山大川的观赏，而进一步延展至对优秀传统村落和历史文化遗产的寻访。2021年，济南市又正式启动了泉水普查工作，本套丛书亦有对古村名泉的记录，将村落和名泉的探访加入到传统村落的保护开发中，为乡村旅游注入更多的城市文化印迹。

四、可以留存与展示传统村落保护与传承工作状况。

近几年，山东省政府加大了传统村落保护和发展力度，对传统村落的连片整治、特色民居的生态保护等工作给予大力扶持。丛书的编写，正是对山东省传统村落保护和发展工作方面的留存与展示。

济南传统村落各具特色，底蕴深厚。作者不辞辛苦，通过大量的田野调查、文献研究等方式，从民俗学、历史学、建筑学、美学等不同角度，剖析其历史文化、村落格局、建筑特色、民俗非遗等，力求全面深刻、形象生动地展示其原始风貌，从而使丛书成为既具有历史传承价值，又具有宣传功能的精美读本，在展现丰富内涵和文化魅力的同时，进一步提升济南传统村落的知名度，并由此得到更多政府、学界和民间力量的关注。

住建部中国传统村落专家指导委员会副主任委员
清华大学建筑学院教授

序言

　　传统村落是历史的凝结，是文化的本色，是情感的归依，是精神的家园，更是农耕文明不可再生的文化遗产，承载着乡村不灭的灵魂。

　　自 2012 年伊始，住房和城乡建设部、文化部、国家文物局、财政部四部、局联合启动了中国传统村落的调查、认定与保护工作，截至 2022 年 10 月，已开展了六批中国传统村落名录认定工作。按照国家要求，济南市深入开展传统村落的保护和利用工作，累计 24 个优秀传统村落入选国家级保护名录、49 个村落入选省级保护名录，成为发展乡村振兴的宝贵文化资源。对入选的传统村落，济南市住房和城乡建设局按照科学建档标准建立了"一村一档案"，同时积极探索新形势下传统村落保护与发展的新方式、新途径、新举措。2022 年，根据《财政部办公厅、住房和城乡建设办公厅关于组织申报 2022 年传统村落集中连片保护利用示范的通知》《住房和城乡建设部、财政部关于做好 2022 年传统村落集中连片保护利用示范工作的通知》等有关要求，经济南市住房和城乡建设局全力推荐，章丘区成功入选"全国传统村落集中连片保护利用示范县（区）"，这开启了深入探索传统村落保护和发展模式、助力乡村振兴的新篇章。

　　目前，市住房城乡建设局会同山东建筑大学共同编撰的《走进济南传统村落》系列丛书，已出版了第一辑，第二、三、四辑也已集结成册。在《走进济南传统村落（三）》和《走进济南传统村落（四）》两本书中，我们又收录了 27 个优秀传统村落，以多角度、多学科的方式呈现村落的空间格局、典型传统建筑、民俗生活等内容。相较前两册书籍，每个村落又增加了航拍图、测绘图、手绘等，使书稿内容更加丰富充实。这 27 个村分别为：莱芜区茶业口镇中法山村、卧铺村、逯家岭村、上王庄村、潘家崖村、中茶业村，雪野街道娘娘庙村、吕祖泉村、和庄镇马杓湾村、青石关村；钢城区辛庄街道砟峪村、颜庄街道澜头村；章丘区官庄街道的朱家峪村，文祖街道的大寨村、东、西田广村、黄露泉村，普集街道的龙华村、于家村、袭家村，相公庄街道的十九郎村、梭庄村，曹范街道的叶亭山村，刁镇街道旧军村，双山街道的三涧溪村；长清区孝里街道南黄崖村、北黄崖村、岚峪村。这些传统村落各具特色，或以红色文化见长，或以泉水盛名，或以传说故事而独具魅力，都是宝贵的不可再生的文化资源。

　　传统村落的保护与传承是动态的，只有以用促保，才能增强传统村落保护发展的内生动力。随着传统村落保护工作的开展，很多传统村落焕发出新的生机。各村在挖掘整理村史、村志，建立村史馆、档案馆等基础上，着手优化乡村公共服务，改善人居环境和村民生活条件，发展乡村旅游，力争达到"农业强、农村美、农民富"的乡村建设要求。如南部山区西营街道黄鹿泉村、天晴峪村，在保护和修缮传统建筑的基础上，建立"孩子小镇"，打造特色民宿，不仅吸引了外出人员返乡就业，而且实现村民在家门口上岗工作，迈出传统村落活化利用的坚实一步；其他传统村落坚持在保护中发展、在发展中保护，盘活优化村落文化资源，让更多历史文化遗产活起来。

　　传统村落蕴藏着丰富的自然生态景观资源与历史文化信息。走进传统村落丛书均以大量的第一手田野考察资料为基础，甄选出一些人文形态完整、历史遗存丰厚的具有代表性的传统村落，力求传承优秀传统村落的乡韵风貌，记录泉城的青山绿水和美丽乡愁，为传统村落的有效保护、修复建设和发展等提供参考依据，为现代城乡规划、美丽乡村建设提供借鉴，为推动泉城乡村振兴、增强文化自信贡献力量。

济南市住房和城乡建设局

壹　　　贰　　　叁

朱家峪村：昔日的江北样板齐鲁第一村

1. 地理环境与历史沿革

朱家峪村坐落于山东省济南市章丘区东南方向的官庄街道，距济南市区约45千米，西接济南，东连淄博，北与济阳区隔河相望。全村现有510户，1600人，其中朱姓人口为545人，约占全村人口的1/3。

朱家峪曾因位于东平陵城的东南角而改名为"城角峪"。又曾因三面环山，草木茂盛、而被称为"富山峪"。明初洪武二年（1369），朱氏祖师朱良生携全家从河北迁居至此。当时，因朱为国姓，富山峪遂被改名为"朱家峪"。

朱家峪在2005年9月被评为"第二批中国历史文化名村"；2008年被评为"省级旅游特色村"；2009年被评为"山东十大影视拍摄基地"；2021年被评为"第一批中国传统村落"；2014年荣升为国家AAAA级旅游景区；2016年荣获"中国乡村旅游模范村"称号。

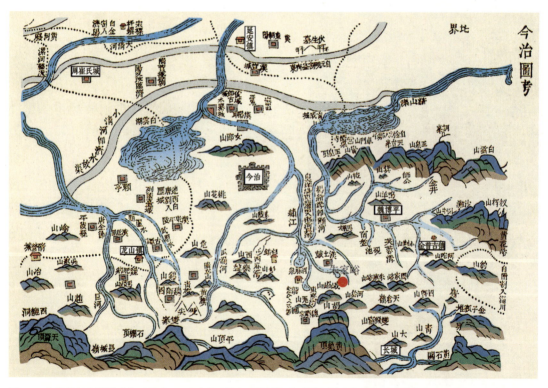

图1.1 朱家峪村在清道光十三年（1833）《章丘县志·疆域图·今治图考》中的位置（此图据原图着色）

2. 村落空间格局

　　朱家峪村三面环山，村庄发展被山体所限制，村落布局与地势结合密切，依山势形成阶梯形聚落。

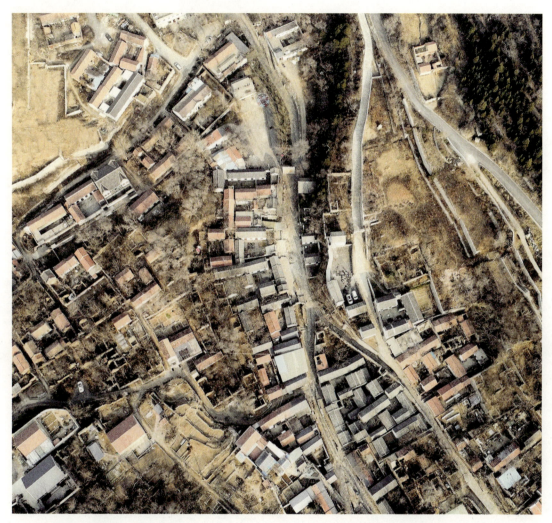

图 1.2　朱家峪村鸟瞰图（2023 年摄）

　　朱家峪村的街巷层次分明，可分为"主街—辅街—支巷—宅前巷道"四级体系。其中，主街分单、双轨。其中双轨古道自礼门至汇泉桥长约 300 米，用长条青石板铺装而成，分上行道和下行道，与现代交通规则吻合，体现了古人对礼制的考量。在主街之下有三条辅街，分别为东崖头、西崖头、西北角。在主街和这三条辅街之间，还有许多蜿蜒交错的小路。

图 1.3　朱家峪村村口高大的古圩子墙，砌石打磨精细，造型古朴大气（2014 年摄）

图1.4 朱家峪原圩子墙残迹（2002年姜波摄）

图1.5 从圩门门洞看"双轨"青石板古道 （2002年姜波摄）

图1.6 朱家峪原圩子墙残迹（2002年姜波摄）

3.村落典型历史建筑

朱家峪村有丰富的历史建筑及构筑物，其中有文物保护单位10多处，大多数为构成村落格局的重要元素。文物建筑可分为楼阁、古庙、家祠、古桥、泉井、民居等多种类型，包括文昌阁、朱氏家祠、山阴小学、女子学校、关帝庙、朱氏北楼等，大部分保存得较好。

文昌阁位于朱家峪村北侧。据《朱氏家谱》记载，该文昌阁由朱霞设计，由朱志光建造，建于清道光十八年（1838）。上设阁楼，下设亭洞，浑然一体，造型简洁壮观。文昌阁左右石柱上各有一副对联，现已被凿去。经考证，原对联应为："文阁揽胜，广聚日月之精华；慧眼识英，大开天地之文章。"

图1.7 文昌阁二层（2014年摄）

　　朱氏宗祠位于村落东北侧，共分里、外两院。外院是空地一方，祭祖前在此正衣冠后，方可入内。里、外两院之间，设有二道屏门，一进屏门，首先映入眼帘的便是三次复修朱氏家祠的照壁碑文。祠堂前厦四柱上部镶嵌有木雕龙首，屋脊中央宝鼎端立，垂脊上分别匀称布有形态各异的脊兽，它们共守家祠，以示吉祥。

图1.8　朱氏家祠建于清光绪八年（1882），是由朱氏后人倡建的。民国二十六年（1937）重建（2002年姜波摄）

图1.9　重修朱氏家祠碑记（2002年姜波摄）

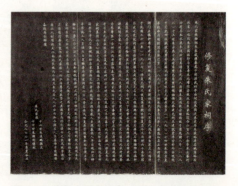

图1.10　修复朱氏家祠序（2002年姜波摄）

　　朱家峪村山阴小学是一个四合院，占地 6.6 亩。校门为民国时期建筑风格，校门内一条笔直的中央甬道直达后院。山阴小学青石根基，灰瓦白墙。一进院的影壁上面刻有山阴小学校训。

图 1.11　民国近代建筑风格的山阴小学校门（2014 年姜波摄）

　　女子学校位于村落下崖沟中段东侧，创办于民国二十一年（1932），由章丘教师朱连绂积极经营。一个班，有 20 多名学生，老师为孙继祥。这是中国农村地区一所早期的女子学校。该学校是一座硬山顶两层楼建筑，建筑的墙壁由岩石垒成，与周围的砖土房形成了鲜明对比。整栋建筑青砖灰瓦，古朴庄重，色彩淡雅，比例协调。

图 1.12 大路西侧的关帝庙，全石结构，小巧精致，雕饰精美（2002 年姜波摄）

关帝庙建于清乾隆、嘉庆年间，凿壁为龛，雕石为座，瓦当、龙柱、匾额都是精雕细刻而成的。庙内刻有楹联："文官执笔安天下，武将挥刀定太平。"该庙处于重要道路关口，即风水关口，为风水庙。

古立交桥位于女子学校的东南方，分为东、西两部分，相距约 10 米。东桥建于康熙九年（1670），西桥建于康熙二十七年（1688），距今已有 300 多年的历史，被称为"现代立交桥的雏形"。

图 1.13 东立交桥建于康熙九年（1670），桥洞呈尖拱形（2002 年姜波摄）

朱家峪村现存的传统民居建筑有近 200 处，院落多为四合院，院落之间多有古巷相连。宅院有风水墙、风水楼、影壁等，装饰有精美的砖雕、石雕等，展示了朱家峪村丰富的文化底蕴。

图 1.14 朱家峪村狭窄的街巷（2014 年姜波摄）

图 1.15 保存较好的民居门楼装饰有精美的砖雕与木雕（2014 年姜波摄）

图 1.16 民居建筑中典型的影壁墙（2002 年姜波摄）

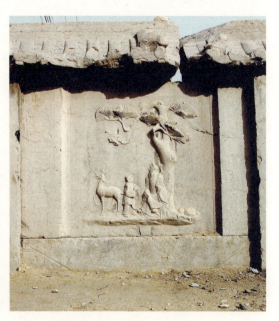

图 1.17 雕刻精美的石雕（2014 年姜波摄）

朱家峪村现存最为古老的民居建筑是村中偏北的朱氏北楼。根据文契考证，朱氏五支祖第十一世朱访，因无钱使用，将北楼全宅卖于堂侄朱希礼名下。后朱希礼家分家，其次子朱士孟于光绪三十一年（1905）三月十五日分到楼宅。合院为典型的四合院两进院落，坐西朝东，大门位于倒座的山墙之上，正对二层阁楼的东墙，以高墙为背景。进入二门，首先映入眼帘的是青砖影壁。朱氏北楼的主楼位于庭院的主轴线上，为起居住屋，三开间约6米，北厢房及倒座的外墙皆不开窗，只向院落内开窗。穿过主楼南侧的过厅就是现在的庭院。南厢房为朱氏北楼阁楼，是朱家峪村为数不多的阁楼之一，也是朱家峪村的标志性建筑。整个院落跟正统的四合院比起来，空间略显拥挤。庭院向外封闭，向内开敞，是活动的主要场所。

图 1.18　朱家峪村典型的民居建筑手绘图（徐敏慧绘）

朱家峪村民居有着大量精美的装饰，主要集中在建筑墀头、山墙花、挂罩等部位。有雕刻的"风调""雨顺"字样，及用浮雕形式表现的竹子及蝙蝠图案；有用透雕手法表现的葫芦藤；还有象征阴阳平衡的太极图案，以及如意造型的拴马石。装饰内容与繁简程度反映出住户的经济实力和文化修养的高低。

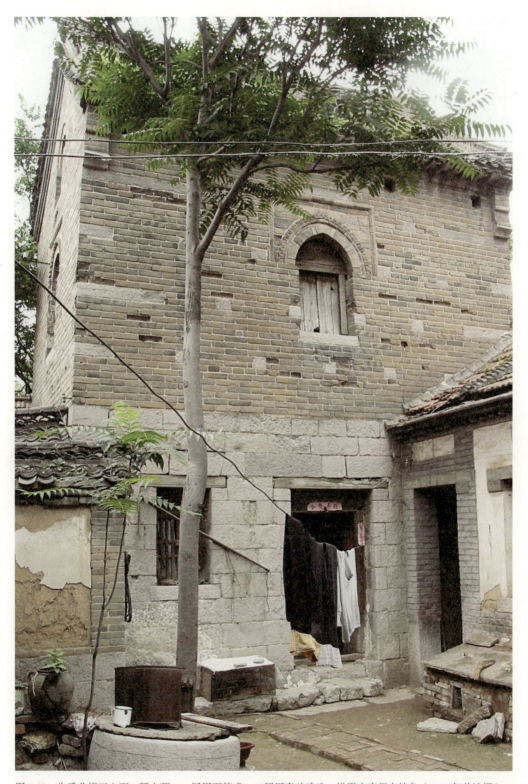

图 1.19　朱氏北楼正立面，硬山顶，一层用石筑成，二层用青砖建造，拱形小窗很有特色（2002 年姜波摄）

图1.20　刻有"雨顺"字样的墀头（2002年姜波摄）

图1.21　刻有"风调"字样的墀头（2002年姜波摄）

图1.22　有蝙蝠图案装饰的墀头（2002年姜波摄）

图1.23　民居大门上麒麟送子图石雕（2002年姜波摄）

图1.24　犀牛望月图（2009年姜波摄）

4. 村落民俗生活与非遗传承

　　朱家峪村的土布制作技艺是在明洪武四年（1371）朱氏家族始祖朱良盛携家眷自河北枣强迁至该村时带来的，至今已有640多年的历史。在这640多年里，朱家峪村村民对这项传统的制作工艺进行了改良和传承发展，制作的土布由单一颜色发展到现在的260多个花色。产品种类也由原来单一的被褥和外衣发展成制作布凉席、衬衣、枕巾、坐垫等30多个种类。

　　朱家峪村的土布制作从精选棉花、去籽、擀布剂（将棉絮卷成长条）、纺线、做穗，到做成布料要经过10多个制作工序，每道工序都有专门的工具。朱家峪村手工家纺线条粗、纹深、平整、不起皱、不卷边，具有柔软舒适、透气、吸汗、冬暖夏凉等特点。为有效保护这项传统技艺，朱家峪村于2009年1月成立了手工家纺协会，目前从业人数有200多人。

　　每年6月初，朱家峪村就进入了麦收季节，整个麦收大约需要 10 天。收麦前的准备工作有很多，首先要准备一块宽敞的场地做麦场，然后再准备好麻袋、竹耙、镰刀等收麦子的用具。麦子收割下来后，要将其运送到麦场里暴晒。等麦子晒得差不多了，接下来就是翻场。翻场时村民通常都会相互帮助，谁家的先晒好，大家就先帮着翻完，这一家干完再换另一家。翻场完就是碾场，将沉重的石碾拴在牛身上，主人赶着牛一圈圈碾压麦穗，使麦粒脱离。最后一步叫扬场，这是整个麦收过程中最具技术含量的一项任务——用木锨铲起麦糠和麦粒，迎着风向，洒向天空，在风力和重力的作用下，麦糠和麦粒分离。扬场的力道非常难拿捏，若用力过猛，就会把麦粒洒得到处都是；若力度不够，就不能把麦糠和麦粒很好地分离。扬场结束后，再经过一段时间的暴晒，即可将小麦入仓。

现在对朱家峪村的保护虽取得了一定成绩，但在保护利用过程中也存在着一些问题，例如，对新农村建设的误读造成了大拆大建，相当一部分民居遭到了破坏，再也无法恢复原貌。另外，随着村落旅游的兴起，在村落保护与发展过程中过度强调经济效益，重开发，轻保护，使村落过度商业化，这些问题很值得我们深思。

图 1.25　碾场用的石碌碡（2003 年姜波摄）

图 1.26　村民在用的传统农具（2003 年姜波摄）

图 1.27　在 2003 年前后朱家峪村农民还保留着传统小麦打场的方式（2003 年姜波摄）

三洞溪村：
乡村振兴的齐鲁样板

1. 地理环境与历史沿革

三涧溪村位于济南市章丘区双山街道，地处章丘区境中部偏东南。该村历史悠久，历来为兵家必争之地，是战略之要冲。向北可扼控古道（即济南通往古齐国的大道）和胶济铁路，南有连绵起伏的胡山山脉，东、西两面有乾河绕村北流。北可攻，收粮米之利；南可退，踞山以守之。据《章丘市地名志》记载："三涧溪村自古有之，战乱及持续瘟疫，几近全殁，荒无人烟。从胡山后红花山下往北延伸，有东、西两条山涧溪流，名为乾河。"有人结合章丘在南宋时的抗金、元初的史料，考证出三涧溪村在宋元时期就已建村，已有千年的历史。

三涧溪村村民以赵、马、蔡、叶、陈姓为主。明初，赵、马、叶、陈姓的祖先移民到了现在的三涧溪地域，取村名为西涧溪村；李、王、邢姓的祖先到东侧居住，取村名为东涧溪村。王、赵姓的祖先在靠北边河沟处居住，取村名为北涧溪村。经过 600 多年的发展，当年的 3 个村落渐渐演变成如今的三涧溪村。现全村共1000 户，村民 3200 人。

3000 年前的商周时期，三涧溪村的先人们就在东北溪侧临水而居。此处有东涧溪遗址，遗址内遗迹众多，遗存丰富。

图 2.1　三涧溪村在清道光十三年（1833）《章丘县志·疆域图·今治图考》中的位置（此图据原图着色）

图 2.2　三涧溪村村貌鸟瞰图（2022 年摄）

　　三涧溪村钟灵毓秀，人才辈出。元末明初，持续战乱，三涧溪村的先人铸就了地下长城——三涧古地道；明代进士马负图为官时造福一方；清道光进士马国翰致力文献辑佚，成就了巨著《玉函山房辑佚书》；清代同治年间，马国华为抵御捻军，抢修齐长城，后又修三涧溪圩子墙，保障一方平安。

　　1950 年，三涧溪村隶属于章丘县胡山区。1955 年，归于普集区，1962 年，归并于明水公社、绣江公社，后一直归属于明水公社。1986 年改归明水镇，2001 年归属于双山街道事处。2013 年被评为"山东省历史文化名村"。2018 年 6 月 14 日上午，习近平总书记来到济南市章丘区双山街道三涧溪村看望干部群众，强调要加强基层党组织建设，选好配强党组织带头人，发挥好基层党组织战斗堡垒作用，为乡村振兴提供组织保证。

　　近年来，三涧溪村抢抓新旧动能转换发展机遇，建设现代农业基地和集约型工业园区，并深入推进旧村改造，建设标准公寓楼，村居环境、村民生活水平等得到明显改善提升，高标准的三涧小学、省内一流的敬老院及 1 万平方米的党群服务中心等民生设施一应俱全。新村的建设与发展丰富了村民的生活，三涧溪村也先后荣获"全国民主法治示范村""省级文明村""山东省历史文化名村"等荣誉称号。

图 2.3　新村村貌鸟瞰图（2022 年摄）

2. 村落空间格局

　　三涧溪村南有胡山山林，涵养着丰沛的水源。发源于胡山红花山峪的河流，蜿蜒北流。源自朱家峪、栗家峪的乾河（民间称石河）环绕古村，两岸地势平坦，土质肥沃，早在夏商时期，这里就有先民繁衍生息。目前的三涧溪村基本保存了元末明初时期的村落格局。据清道光十三年（1833）《章丘县志》记载："乾河，源自朱家峪、栗家峪，西北流经官庄南，折而西北……注绣江。"此河为绕三涧溪村而流的冠带之水，可见三涧溪村选址符合古代逐良水而居的传统，同时也符合中国古代传统的负阴抱阳、背山面水的选址原则。

　　三涧溪村的房屋采取坐北朝南、依地势而建的模式，民居的密度较大，院落狭小，街道较窄，由三合院或四合院等院落组成了村落整体格局。村落外围的道路为东西向的西门大街、涧泰路和南北向的中兴街，这些道路是该村与外界联系的主要道路。村内的主要道路有东西向的富荣街、石岗街、商业街和南北向的胜利街、渔湾街，路面多已用水泥硬化，方便车辆通行。其中，富荣街为石板路，街道宽度约 4 米。富荣街也叫后街，相对应的前街是石岗子广场东北角的东西街。桑园胡同连通两街。这两街都是马姓族人居住之所，由于人口繁衍，前街住户拥挤严重，一些殷实之家、官宦人家或在外地经商做买卖的富户，就在后街即

图 2.4　三涧溪村村域示意图

"富荣街"区域置地建房，建成了类似现在的"高档小区"。富荣街的住户中有在济南开药店、金店的商人，也有专营鞋帽店的商人。该街笔直宽阔，两旁的建筑规整气派，门楼高耸，门楼上有雕刻精美的墀头，窗格上的雕饰也十分精致，富有变化，反映着曾经的繁华富足。

　　村内胡同、小巷与主要街道纵横相连，通向各家各户，构成了村落的街巷脉络。

3. 村落典型历史建筑

　　三涧溪村内较好地保存了部分传统民居建筑，这些建筑以土坯、石块为主要的墙体砌筑材料，屋顶为硬山顶，覆盖着灰瓦或

图 2.5　南北走向的渔湾街两侧的传统民居建筑（2022 年摄）

红瓦。建筑立面饰有砖雕、石雕、木雕的装饰。

　　村内传统民居多为四合院形式，大家族的宅院有两进院落、三进院落，以街巷、胡同作为家族分布的单元。三涧溪四合院式传统民居的空间形式按照中轴线进行布局，正房通常为坐北朝南的 5 开间，供长辈使用；院落东、西两侧各建造 3 间厢房，供晚辈使用；倒座房一般为 5 间，作杂物间、厨房，或供下人使用。院内建造"腰墙"，将院落空间分成前院和后院，后院一般作为起居空间。2018 年，三涧溪村共有 6 处历史建筑被列入济南市第一批历史建筑普查名单，其中分别为马氏祠堂、马负图宅院、鸽子楼、三涧溪村马家胡同 17 号院、三涧溪村富荣街 10 号院、三

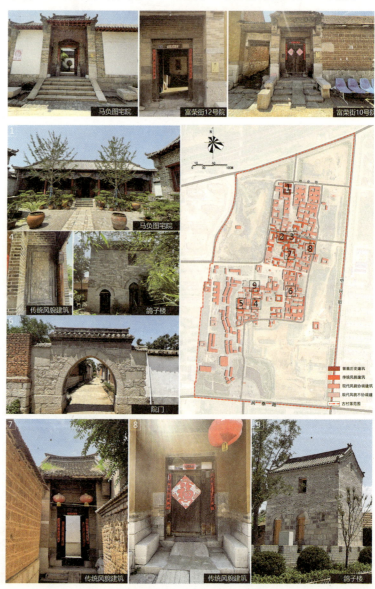

图 2.6　三涧溪村保存较好，具有传统风貌的建筑集中在村落中心位置（2022 年摄）

涧溪村富荣街 12 号院。

马氏祠堂初建于明朝初期，后遭毁坏，众族人意欲重建，随即卖树筹资，在原址修建了马家家庙，最初时仅有 3 间祠堂，至清咸丰四年（1854），马氏十五世祖马国华重修祠堂，将家祠扩大为前后两院，前院正房 5 间，东、西两厢各 3 间，祠门两侧各有两间耳房。现存的马家祠堂是一进院落，有正房 3 间，正房两侧各有一间耳房，经过整修后均为青瓦白墙，墙身下方是青石基础。正房正脊有形似铜钱状的通风孔，两头各有鸱吻。

鸽子楼位于三涧溪村马家胡同内，有 300 年的历史，建成时是三涧溪村最高的建筑。住在此地的这一户马家，人丁兴旺，生有 10 个儿子；六畜兴旺，猪牛羊骡成群；鸟儿也兴旺，鸽子繁殖了一窝又一窝，因此，取名"鸽子楼"。此楼用青石做墙基，青砖垒砌到顶，硬山屋顶，主脊两端有鸱吻，小瓦覆顶。楼体南北均开门开窗，北侧一层正中有一拱形门，两侧各有一扇较矮的

图 2.7　马氏祠堂经过整修焕然一新（2022 年摄）

图 2.8　整修后的屋面和屋脊（2022 年摄）

图 2.9　整修后的出厦及挂落（2022 年摄）

图 2.10　村中的富荣街，以前是富裕人家聚集的大街，街两旁的建筑较为高大、精美（2022 年摄）

图 2.11   鸽子楼南立面，原本的院落虽已不存在，但二层小楼仍然屹立（2022 年摄）

拱形门；二层正中有一方形小窗。南侧二层与一层相同，不同之
处在于南侧小门开在楼体右侧。门与窗全部为精雕细刻的青石发
券，窗扇用一大块青石雕刻而成，古色古香。门旁石雕上的花卉
鸟兽活灵活现，栩栩如生。楼内青砖铺地，面积大约有 300 平方
米，东南角有木盖盖住的地道口，连通三涧溪古地道。通往二层
的木质楼梯木质优良，虽历经百年，仍坚固耐用。20 世纪 40 年

图 2.12   鸽子楼东西两侧山墙各有一个钱状的通风孔（2022 年摄）

代，鸽子楼是章丘王连忠装配枪支的枪械所。

　　马家胡同 17 号院现仅存一座二层小楼，原本的院落被拆除后成为石岗子广场的一部分。此楼外观与鸽子楼非常相似，北面是小楼的主入口，正中有一圆拱形的门洞，左侧门洞形式相同，但稍矮。右侧为一方形小窗，窗栅石质，窗口虽小，但窗台石依

图 2.13　马家胡同 17 号院仅存的二层小楼（2022 年摄）

图 2.14　与鸽子楼结构相似的二层小楼（2022 年摄）

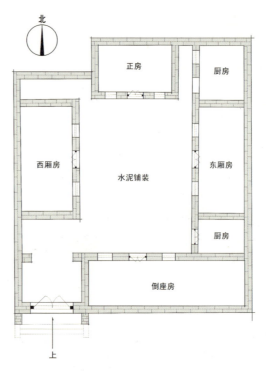

北

正房

厨房

西厢房

水泥铺装

东厢房

厨房

倒座房

上

图 2.15　富荣街 12 号院石雕牡丹图
（柳琦绘）

图 2.16　赵信清院平面示意图（柳琦绘）

图 2.17　赵信清院门楼古朴而不失装饰细节（2022 年摄）

图 2.18　富荣街 2 号院高大气派的门楼（2022 年摄）

图 2.19　赵信清院正房，三开间，硬山屋顶，屋面已换成机制红瓦（2022 年摄）

然坚固，抹灰平整。小楼为硬山顶，正脊上有 3 个通风孔，精致
巧妙。

　　富荣街 12 号院现为赵信清老人的居所，此院门楼以青石为
基础，方砖砌筑，屋顶为硬山顶，正脊和垂脊为通风脊，实用又
美观。博风板末端有几何纹样的砖雕，墀头上的植物样式砖雕古
朴大方。门楣上方还有波浪纹饰的砖雕，使立面看上去富有变化。
卡门石雕有线条精致流畅的牡丹图案装饰，这些图案增添了门楼

图 2.20　雕有花鸟图案的砖雕墀头（2022 年摄）

图 2.21　回纹装饰的窗栅（2022 年摄）

图 2.22　装饰有铜钱图案的窗栅（2022 年摄）

图 2.23　桑园胡同入口（2022 年摄）　　　　　图 2.24　马负图宅院高大气派的大门（2022 年摄）

的装饰细节。院墙也是青石基础，土坯砖砌筑到顶，采用了一平一顺的砌筑方式，院墙上嵌有石质的拴马石。院内正房和东厢房保留着传统风貌，正房用砖石砌筑，部分墙面使用白灰抹面。主脊已被替换，垂脊有铜钱状的通风孔，脊端高高翘起。墀头仅用砖块砌出形状，未加装饰。

富荣街 2 号院是富荣街东首第一个院落，从富荣街向门口看去，顿觉此院院门高大。门楼也是户主财富的象征。此院主人在济南市里经营生意，慢慢站稳了脚跟，修整了家中的院落。

门楼为硬山顶，挂落上的垂花柱雕有精致的牡丹图案，木头虽已风化，但依然能看出雕刻的精致程度。墀头的雕刻也极为精致，最上层部分图案已经风化剥落，只能看出剩余部分为绽放的牡丹花图案。墀头下碱图案是祥鸟停留在花枝中，祥鸟的羽毛及花朵的纹理都雕刻得细腻逼真。进入院内，可以看到有一座正房，左、右为东、西厢房，与正房相对的还有倒座房。院内的每一扇门窗都有精致的装饰，形式各不相同，有形似回纹的连续图案，也有形似铜钱的连续图案。

陈鸿浩居所外的陈家圈门在村子中央，上部为拱形，由青石砌成，上面有黑瓦屋脊，正中刻有"仁里"两个字。据村民所述，此圈门于嘉靖年间由当年住在门内的住户集资修建而成。陈家圈门所在街的两侧住的大部分为陈姓住户。整个圈门保存完整。门的右侧墙上嵌有一块小石碑，碑文已经看不清楚。"仁里"二字，"仁"表示爱人，"里"表示相邻，"仁里"即为邻里守望、互帮互助之意。古语说："远亲不如近邻。"邻居之间应友爱相处。

4. 村落民俗生活与非遗传承

三涧溪村村民的生活丰富多彩，村里不仅建成了文化大院，村中的庄户剧团也在每周一、三、五聚到村民文化活动中心排练曲目，每年在村内外演出达到 20 多场。庄户剧团不仅丰富了村民们的文化生活，还屡获奖项，他们汇演的《小姑贤》选段在市里获得了第三名的好成绩，剧团里韩宝珍的拿手曲目《贵妃醉酒》也在章丘"民星才艺大赛"中获得二等奖，剧团主要演员柳培文在 2013 年度济南市"吕剧票友大赛"中荣获济南市"十大名票"称号。庄户剧团的演员还经常参加百脉泉广场、老年体协等多场演出。

三涧溪村还保存着打夯的民俗。盖房子对村民来说是一件大事，盖房首先要选址，地基是基础，"万丈高楼平地起"，打地基、筑墙脚，是盖房的第一项工程。那时没有机械设备，盖房子靠手工劳动，都是体力活。为了把地基搞结实，打夯是一步必不可少的劳动程序。打夯首先选择晴好的天气，在确定的房子基线上挖掘好基槽，泥水匠放下基础石块。夯用一段坚硬的实木为主体，约有 1.5 米的高度，四周有 4 根分布均匀的木棍（柄），用铁箍将主体与木棍牢牢地绑在一起，并均匀地焊接有 4 个铁环，分别绑系 4 条绳索。打夯前，把夯搬移到基槽的石块上，由 4 个人躬着腰各抓扶一根木柄（夯把），另 4 个人侧身站在外围一手拉绳索，另一手把甩过肩膀的绳头握紧，形成 8 个人集体打夯的阵势。打夯时，掌夯人不用使大劲，只是抓牢夯把（其中的一根木柄）来掌握方向，控制夯落点，用嘴巴喊号令，引领其他人齐心协力。

掌夯人一手抓牢夯柄，一手扶持绳索，吆喝一声，其他人随即猛喊，3 个抓扶木柄的人，双手用力往上提夯，拉绳索的 4 人将绳索拽紧，同时发力，使夯突然腾空而起，举过头顶。因为有掌夯人的控制，高抛的夯不会偏移多少，随着自然下落，重重地砸在基槽的石块上，夯落石沉。掌夯人再吆喝一声，众人又一应和，夯又一次腾空后落下，砸向石块。如此反复，一次次地被举起砸下，基槽上的石块很快被一点点地夯平、夯实，直至把整幢

图 2.25　三涧溪村目前保留着打夯的传统民俗（2019 年摄）

房子的墙基全部夯遍。

　　三涧溪村现有四通八达的地道网络，这些地道的修建最早可追溯到元代。元末，由于黄河连年发大水，元统治者征集民工挖河，引起了"红巾军"起义。战乱年代，百姓十亡七八，这也促使三涧溪村民们开挖地道以自保。三涧溪村地道最早是以家庭为单位挖掘的隐蔽所，后因战乱等原因，开始往纵深挖掘，慢慢相连成网。最晚的一段地道是西涧溪通往北涧溪、穿过胶济铁路的一段，是 20 世纪 30 年代挖掘而成的。那时，章丘土匪王连仲占据三涧溪村。由于村四周有圩子墙，王连仲因怕被围在村内出不去，就逼着村民挖了这条通往圩子墙外的地道。

　　古地道历经漫长的岁月，至今仍保存完好。多年沉积形成的鹅卵石及形成砂浆的沙土经过长时间的自行融合，成了天然的混凝土。这是三涧溪村地道保存完好的原因。古地道最宽的地方宽1.3 米左右，最窄的地方只能一个人走，隧道的高度在 1.3 米到 1.9米之间。

　　东涧溪遗址地势较平坦，现为耕地，南北长约 400 米，东西宽约 200 米。面积约 60000 平方米。据《中国文物地图集·山东分册》记载：遗址文化堆积厚约 3 米，暴露有灰坑、汉代窑址，采集到的遗物有：岳石文化泥质灰陶豆盘，商代的夹砂红陶绳纹鬲口沿、鬲足、泥质灰陶甗口、甗足、绳纹罐口、细绳

图 2.26　三涧溪地道内部四通八达（2022 年摄）

图 2.27　东涧溪遗址出土的铜提梁卣

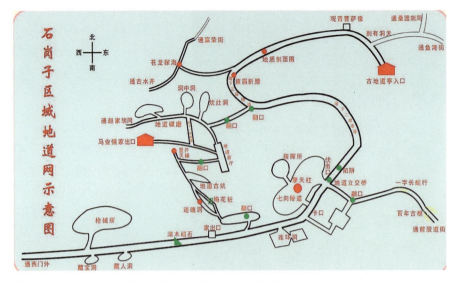

图 2.28　三涧溪地道示意图。为复杂且实用的地下交通网络

图 2.29　三涧溪村出土的元代墓葬墓室壁画色彩浓郁，具有典型元代墓室壁画特点（2014 年摄）

纹盘口、泥质黑陶三角划纹罍肩，战国时期的夹砂红陶蹄形鼎足、泥质灰陶豆盘，汉代的绳纹筒、板瓦残片等。遗址属于商周时期的古遗址，于 1987 年济南市文化局文物处进行文物普查时被发现，2000 年 1 月 28 日被章丘市人民政府公布为章丘市级文物保护单位。

三涧溪还于 2014 年 10 月发掘出一座古墓，地址在东沟西面养狐场北大门的右侧处。考古人员经过考察论证，推断此墓为元代古墓。虽然墓室内没有出土随葬品，但是墓室内绘有精美的壁画，尤为可贵的是竟然绘有墓主人模样。壁画的主体图为墓主与两位夫人，男主人位于中间，夫人分别在两侧。墓室中的壁画以黑、白、红、黄四色为主，图案均用黑色勾边。墓室内通绘壁画，墓顶单绘一圈花卉，黑叶红花，其下单绘的黑色带圈与下层壁画分隔。

该墓室中的壁画尽可能还原了墓主人生前住宅建筑的结构，营造出一个与世间相同的居住环境。元代墓室壁画继承了宋金时期壁画的艺术风格，在室壁上绘制与人间住宅建筑相近的仿木结构建筑，并对其进行了装饰，形成建筑彩绘，壁画内容丰富多彩。仿木建筑中各个构件与彩绘相结合，彩绘住宅建筑空间内绘有墓主生前现实生活场景，使墓室结构空间仿若墓主世间居室空间环境，充满了浓郁的人间生活气息。

叁

朱公泉村：
名泉古碑伴古村

1.地理环境与历史沿革

　　朱公泉村位于济南市章丘区南部文祖街道办事处驻地东南9.5千米处，为一曲尺形聚落，三面环山，东有雄伟九顶山，西北有俊秀笔架山，南面秀山连绵，层峦耸翠，可谓群山环抱，峰峦起伏。村庄建于山坳平坦处，村民依山势在村庄周围开垦出梯田，种植农作物，梯田线条细密清晰，极具装饰美感。村庄占地面积1.5平方千米，175户，人口521人，耕地490亩，主产小麦、玉米、地瓜及杂粮。

　　《章丘市地名志》记载：清嘉庆八年（1803）《重修观音堂碑》载，明正德十四年（1519），蘧姓由山西迁此定居，后来发展为村。因蘧家的猪在树南拱开石板，涌出一股清泉，故取泉名为"猪拱泉"，取村名亦为"猪拱泉"。清朝初年于姓迁来，嫌"猪拱"二字不雅，遂改村名为"朱公泉"。村内现有王、于、李、张等姓氏。

2.村落空间格局

　　朱公泉村是典型的山区传统村落，村庄依山而建，东西狭长，南北较短。023乡道东西向横穿村庄，与外界相连，也是村庄的主街道，将整个村庄分成前街和后街。多条阡陌小巷分布于村内，与主街道交错相接，道路大多为石板路、石台阶或石砌路面，通

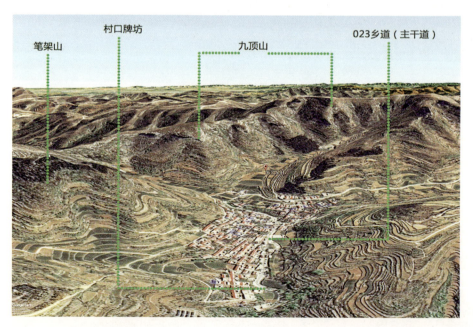

图3.1　朱公泉村地形分析图

图 3.2　村域文化遗产和自然景观分布图

向各家各户，构成村落的空间交通体系。村内传统民居建筑主要
分布在前街和后街之间，集中连片，这也是朱公泉村过去的村庄
地域范围，20 世纪七八十年代又以老村为中心往北和西北方向扩
展，形成了现在的村庄区域。

　　村内有一条古河道，自东南向西贯穿全村，为大寨河支流。
朱公泉位于村南的峻岭石崖处，水从石岩间溢出，涓涓汇流于池
中，甘甜清冽。尤其在雨季，众泉涌动，汇成溪水，潺潺流淌，

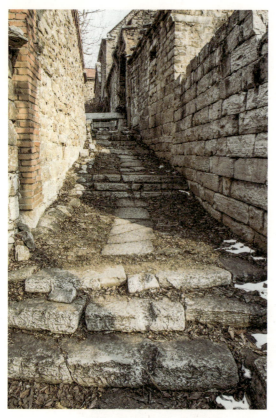

图 3.3　村中由低到高延伸的石板路（2019 年摄）　　　图 3.4　门前的石台阶随地势高低错落铺设（2019 年摄）

图 3.5　朱公泉遗址（2019 年摄）

图 3.6 朱公泉村传统街巷现状图

秀水环绕。朱公泉四季流水不竭，2006 年章丘市水利局在此泉下修蓄水坝一座，至今部分村民仍饮用该泉水。

3. 村落典型历史建筑

朱公泉村位于山谷之间，村民便依山体地势变化而建房，高低错落。受地形所限，村内民居院落较为紧凑，院落布局一般是传统三合院或四合院式，院子由正屋、厢房、倒座、大门和影壁等若干单体建筑组成。院落的北侧为主房，东西两侧为厢房，南屋为倒座，建有石头围墙。大多数院落入户门前有简易石台阶，门楼或高大气派，或简洁朴实，形态和材质不受限制，有的用石材作基，用青砖砌筑墙体；有的为全石到顶的大门，体现了民居建筑大门的灵活性与多样性。村内现存大户人家的门楼普遍建得高大气派，大门两侧采用砖石结构，墀头用精美的砖雕进行装饰，双开扇木门上方有雕刻着吉祥图案的木质挂罩。影壁与大门相照应，通常也会雕刻上精致的花纹图案。建筑用材主要有石材、青砖、麦草、木梁等，除个别人家会用青砖装饰门窗框外，基本是石质建筑。

村内典型建筑有于家大院，该大院建于清朝，规模较大，是一座庄园式建筑群。于家大院处于村东南方向，紧挨 023 乡道，大院外部附近的地面有 10 余米长全部为青石板铺路，可惜的是

图 3.7 采用山石砌筑的房屋，墙体石块大小不等，营造出一种古拙自然之感（2019 年摄）

图 3.8 村中幽深寂静的狭长小巷（2019 年摄）

后来修路时被用水泥抹平，透过缺失水泥的部分路面，依稀能看到下面磨得锃亮的青石板。南侧房子曾经被用作学堂，后为住宅，改动较大，北侧建筑改动较小，现已无人居住。墙面全部用人工打磨的石块砌筑而成，墙上有拱形窗，墙面1.8米处内嵌2块由整块石头打磨而成的拴马石，造型精致。于家大院的大门更是匠心独运，高大气派。门上部有精致的镂空雕花额枋和雀替，并配有垂花，门基座为大块石头，并有小石块围边，正中间一块腰枕石，其余大部分为灰砖搭建。现整体基本保持原有风貌，可惜因有锁，无法进入，其内院空间不得而知。

于家大院不远处是于家会客宅，其正门延续大院南侧建筑的风格，砖石结构，有精致的亚字样式墀头，可惜门上部坍塌严重；与大门相应的是刻着"福"字的"一字影壁"，沿一条较窄的过道进入院内后，旁有一排房间，只一层，应是候客厅；向北行是院落，北屋为一层建筑，下碱和门柱均用灰砖砌筑，其余用石块砌筑后外用麦秸草泥抹面；东西建筑左右对称，均为打磨石块砌筑，敦厚大气；近北屋一侧为二层建筑，二层正中央有一向内打开的支摘窗，一层窗是直棂样式；靠南一侧为一层建筑，窗同样是直棂样式，但茅草屋顶坍塌严重，檩条裸露在外；院子分为南北两

图 3.9 院落建筑所用石材出自周围山石，与周边环境浑然一体（2019年摄）

图 3.10　二层石质小楼建造精良，传统石砌建房技术几乎已失传（2019 年摄）

部分，有高差，西侧设台阶，东南较低处有石磨，已被废弃。

村中原有九圣堂庙，现已无存，仅余路旁的碑刻 5 方，均立于村中健身广场东侧，其中清乾隆时的 1 通、道光 1 通、嘉庆 2 通、咸丰 1 通。《施树碑》高 129 厘米，宽 60 厘米，厚 20 厘米，方首，碑额横题"万古流芳"四大字；碑文楷书阴刻 7 行，满行 35 字。碑文如下：

施树碑（年代不详）

夫朱公泉者必朱公所制之泉也其人弗考因以名乡名乡者何山下出泉而朱公制之故名溯乡之南岳实泉之所由发也映带□抱峰曲路转见有蔚然而深秀者翠柏林也于尝遨游其际低徊而不能去及询其种植之人则善人于公名君佐者之□泽也余吁嘻久之复登其巅而遥望之见夫左带鸡魁右持笔峰丰草绿缛而争茂佳木葱茏而可爱者又知为君公所植之封林也至于夹道而结云壁菁葱而蔼瑞宇朝晖夕曛气象秀拔参差于烟火之中者又蔼张二氏所植之碧槐也优哉美哉

图 3.11 朱公泉村中旧有九圣堂，现在庙已无存，仅余路旁的碑刻五方（2019 年摄）

图 3.13 碑首样式，图案十分精致（2019 年摄）

图 3.12 石质大门简洁大方，与院内影壁相照应（2019 年摄）

图 3.14 与大门相照应的一字影壁，上面雕刻着象征吉祥的大"福"字（2019 年摄）

图 3.15　山区民居院落布局较自由，沿山坡或山谷分布，外有低矮的石头围墙，因年久失修，很多院落已坍塌（2019 年摄）

图 3.16　紧密相连的石墙院落，封闭性较强（2019 年摄）

图3.17　朱公泉遗址（2019年摄）

山环水抱固由于地灵所结佳境美趣□资乎人杰所植讵不信哉

　　绣左后学徐中潞撰文业儒于克勤书丹

　　太学生举乡饮大宾于君佐暨男监生继圣施南封坡二处俱以柏树为界坡基许庄中栽树不许庄中为业树株许在不许坏

　　张家庄太学生张文全施槐树一株在王德奎地基内许在不许坏

　　街中有槐树一株树主原系廪士明蘧继进宝继进宝将树一半施于观音堂士因子孙痴愚仝合庄公议情愿将树一株施于观音堂中有施字可凭树许在不许坏庙内柏树两株王德奎栽植

　　《重修九圣庙碑记》碑，碑高157厘米，宽69厘米，厚28厘米，碑座高54厘米。碑刻原有碑帽，今已佚失。碑文楷书阴刻4行，满行47字；篆额者康腾蛟，字孟宗，考古学家，清代乾隆时举人，任过肥城县教谕，博学多才，著有《古迹考》一书。今百脉泉公园内尚有康滕蛟题刻的诗碑，对研究百脉泉、土鼓城有重要意义。其碑文如下：

　　重修九圣庙碑记

　　盖闻祷祠祭祀供给鬼神然民间之祷祀非神无所□鬼神之来格非祠无以托章邑城东南东十里朱喷泉庄古有／九圣堂者前人之所

图 3.18 远眺朱公泉村，整个村庄掩映在苍山绿树间（2019 年摄）

建立以庇荫者也但历年久远风雨剥蚀庙□倾圮不能无石渺金寒之
患祈祷之人咸触目而心伤焉兹者公 / 议重修庙宇创立山门修整垣
墙无如规模宏敞独力□□四乡之仁人君子乐义输财共成盛果遂鸠
工庀材趋事赴工 / 而前此之狭小倾圮者规模于焉廊大庙宇焕然一
新用勒诸石□垂不朽云尔

　　己卯科举人原任肥城县教谕康腾蛟篆额邑庠生于景纯撰文

　　邑庠生康鸿逵书丹

　　嘉庆十有八年岁次癸酉仲冬上浣吉日立

　　《重修庙宇碑记》碑的碑额与碑身一体，额最顶端横刻"万
古流芳"4大字，下中刻"大清"2字；碑文楷书阴刻7行，满
行40字。碑文如下：

　　重修庙宇碑记

　　南瞻部洲 / 大清国山东济南府章邱县东南朱喷泉□有孤石大
夫重修石庙碑记

　　大夫而以□□何自昉乎然其为灵则昭昭也世有疾

　　□除之□□□□疗之而不靡不废非所谓无□不应有触

　　□□□□□□□□有兹神庙为世远年湮风雨摧残□□□□墙

图 3.19　村中的石质拱券桥洞，仍保存较好（2019 年摄）

图 3.20　沿街而建的民居院门和厢房门都向街而开（2019 年摄）

宇几坏村中父老□之而恻然有感□议修□石庙焉□□庇由是富者捐资贫者效力不数日而焕然一新是亦吾村之神瑞也且以为一方救灾□患之□□□爰为之序以志不朽□□□□一方并列其□于左

　　施财善人名略官庄□振声撰文李永先叩书

　　住持僧人通福

　　岁次乾隆十五年仲春月吉日

　　《重修九圣堂碑记》共有两通碑刻，分别是嘉庆和咸丰年间所置。嘉庆十八年（1813）《重修九圣堂碑记》碑，碑首上浮雕二龙戏珠的石雕图案，图案中下方篆书刻"大清"二字；碑身顶端横刻"万古流芳"四大字，碑刻之上均为善人题名。碑文残缺不全，如下：

　　重修九圣堂碑记

　　施财善人开列于左善人题名略

　　嘉庆十有八年岁次癸酉仲冬吉日立

　　咸丰元年（1851）《重修九圣堂碑记》碑，碑刻上覆雕龙碑首，额题"大清"2 字；碑身上半部分有断痕，今用铁丝固定；碑文楷书阴刻 8 行，满行 31 字。碑文如下：

重修九圣堂碑记

□□□□□庄旧有九圣堂□□之□□有求必应无不□群生
之望留思降福早已协庶民之心神之有庇于人□□矣但历年久远风
雨常临庙貌颓圮神像暗淡墙倾楹摧不无破败之形祈□之人咸触目
而心伤佥曰若弗补葺而新之不惟□前人创建之功而／且失后人祷
□之所于是领袖善人□□□等与合庄其□□修拮瓦大殿山门改换
□□□□神像□□□□修□□院□功□□大而协力同心不数月而
告竣焉□见庙貌辉煌

□□□□□□□□□□□□□□□□院而并新盘石巩□□可报
神

□□□□□□□□之□□□□□□□□□□不朽咸丰元年岁次辛
亥十一月十三日立

《杨进愉德配于氏墓碑》，今在朱公泉庄东北田地内，墓碑下
端没入土中，故墓碑文不全。碑文如下：

杨进愉德配于氏墓碑

杨公讳进愉系先世隶前明枣强冀州籍自始祖诰迁居淄川县居
住诰子一朝相相子命皆葬……庄命子二长茂时次茂来并迁居淄川
城西贾官庄其卒也葬于贾官庄时子一士安来子一士奏……康熙甲

图 3.21　村内很多民居院落已经废弃，可看出院落布局比较自由（2019 年摄）

图 3.22　石头民居院落顺应山势，错落分布（2019 年摄）

子二十三年又徙居于章邑朱公泉庄安泰□□子一下生立业业子三
长文灿次文林三文……子一钧福彬子一钧禄台子一钧祯福子一即
进愉也禄出嗣隆化庄姑门张姓祯子三长进和次进忠三进……有子
非绪也自士安士太与立业俱葬老茔地愉子一乐山娶李氏其卒也附
葬于公德李氏子三长……吉次允能三允常于光绪六年二月初三日
又移居于水龙洞吉娶王氏生子二长书田次书……娶郭氏生子二长
书绅次书业常娶刘氏子允吉允能允常俱葬于水龙洞庄家南荷花峪
田娶解氏……子一守典训嗣常娶王氏生子二长守经次守爱绅娶李
氏生子三长守清次守勤三守廉业娶郭氏生……郡典娶王氏生子一
维翰经娶孙氏生子一维广
　　处士杨公讳进愉偕德配于氏之墓
　　世系一国风为先茂士水相连已崇七八世廷可后是于德守维之
学作如思
　　淄川城御前侍卫杨覆基书曾孙书业书绅书田
　　大清光绪二十八年小阳春朔日立

4. 村落民俗与非遗传承

在朱公泉村，村里最重要的民俗活动是每年举行的扮玩。村里的扮玩由来已久，代代相传，已经成为村内不可或缺的传统民俗节目。

每到春节，村民都会组织各具特色的扮玩活动，自发组织扮玩队伍。扮玩由舞龙、舞狮和跑旱船的队伍组成。扮玩的乐器有钹、锣、大鼓、镲。扮玩从过年初六开始，持续到正月十五。参与的人一般都会各自买扮玩所需，如锣鼓、衣服、旱船等。扮玩开始后，大家纷纷拿出自己的看家本领，铆足了劲地在展演上一较高下。村里的男男女女、老老少少都是这场扮玩活动的主角，不同的分工和角色扮演让他们乐在其中。

朱公泉村历来有种植小杂粮的传统，其中小米是村民最爱的谷物之一。因村落地处山区，空气清新，无污染，产出的小米也油中透黄，籽粒圆滑味香，无论煮粥还是摊煎饼，都透着浓浓的米香。朱公泉村民平时最喜把小米磨成细细的小米面，摊成金灿喷香的小米煎饼，当作日常吃食。将小米磨成细软的面粉时，村民最常选用的工具就是村中那个憨重但实用的大石碾。用石碾磨出的小米面，保留了小米自身的香味，带着一种机器磨的面所不具有的味道，用其摊出的煎饼颜色金黄，轻而薄，嚼着有韧劲。这也是村中石碾依然在发挥作用的重要原因。

图 3.23　石碾磨出的小米面细腻柔滑，是制作小米煎饼的主要食材（2019 年摄）

图 3.24　石碾依然是村民生活中的常用工具（2019 年摄）

　　摊制小米煎饼要用专门的炊具，主要包括鏊子、油擦子、舀勺、笓子、铲子等，并有一套完整讲究的制作流程：摊制之前，先将磨好的小米面加上一些小麦粉面，调成稀稠适中且细腻的面糊糊，接着用油擦子在鏊子上面擦一遍油，这样既可去掉鏊子上的杂物，也使得烙熟的煎饼容易与鏊子分离；当鏊子烧热以后，用勺子舀上一勺煎饼糊子放到鏊子上，用笓子沿着鏊子摊一圈。由于鏊子是热的，煎饼糊子所到之处就迅速凝固了一层，便成了煎饼；没有凝固的煎饼糊子就被笓子带着向前走，重复这一过程直到整个鏊子摊满。笓子的长短正好等于鏊子的半径，所以笓子绕场一周，煎饼就摊成了。这种看似简单的活计，也需要丰富的经验才能摊得厚薄均匀。

　　煎饼摊好后，一张张摞起来，外面罩一层防尘的布即可；也可以把刚从鏊子上揭下来的比较柔软的煎饼折叠成长方形，放到干净的袋子里存放。由于加热过程中除去了大量水分，晾凉后煎饼变得薄而脆，可以在常温下保存很长时间，无论是现在还是过去都是村民比较喜爱的日常食品。一日三餐时，取一块煎饼，夹上自己喜欢的各式菜肴、腌酱，美味可口。

大寨村：锦阳关下的兵寨村

1. 地理环境与历史沿革

　　大寨村位于山东省济南市章丘区文祖街道办事处南部，距离文祖街道办事处驻地8.5千米，村域面积9平方千米，总人口2935人。该村落处于鲁中丘陵地区，此处山峦起伏，川谷纵横。村域范围内有庄子山、烟墩山、大寨山、保安山、摇铳山、东岭山等山，村内最高峰朱家寨海拔705米。

　　该村落位置优越，交通便利，南临著名的齐长城，村落东西岭壑相间，南北地势低平。村落东区紧靠省道242线（台莱路），G2京沪高速从村西经过，明莱公路、章莱公路和三赵公路为大寨村的对外交通要道。

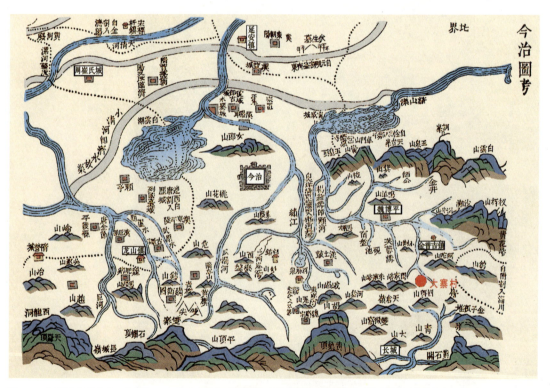

图4.1　大寨村在道光十三年（1833）《章丘县志·疆域图·今治图考》中的位置（此图据原图着色）

　　据《大寨村志》记载，大寨村原称大驿站，始建于西周，西周早期隶属于谭国，中后期归属于齐国，历史悠久，文化气息浓厚。公元前684年，齐国自西往东在齐鲁边界的双面墙长城基础上，修建了单面墙内长城，同时为当时的商贸、防御设立兵营，并将原"大驿站"更名为"大寨"。秦朝统一六国后，驻守关口的兵将撤离，营盘被废弃，周边的老百姓便搬进兵营居住，而村名沿袭当时"大寨"的叫法，"大寨"便成了村名。

据《大寨村志》记载，齐国时的大寨村就因位置优越而成为
商旅通行、货物集散的重要场所。村里的经商传统不断传承，到
明代成化至万历年间，大寨村商业繁荣昌盛，已有"七十二店"
之说，沿街布满大车店、客栈、货栈、作坊、酒肆等，还有数十
家钱庄，发展成为周围地区的商业中心。村子中草药物产丰富，
有许多店家从事草药生意，现在村内还存有当时的药铺。

现大寨村村民的姓氏有于、马、王、冯、叶、刘、明、李等
25 姓，村民们编写了大量的家谱，村内还保留了许多与宗族相关
的墓碑。

图 4.2　大寨村村落布局示意图

2.村落空间格局

　　大寨村东南高、西北低,主要的街巷大多沿等高线排列分布,其中南街、北街为村中最重要的街巷。老村呈现南北长、东西窄的不规则形状,新村受交通和地形的影响,逐渐向东侧台莱公路发展。

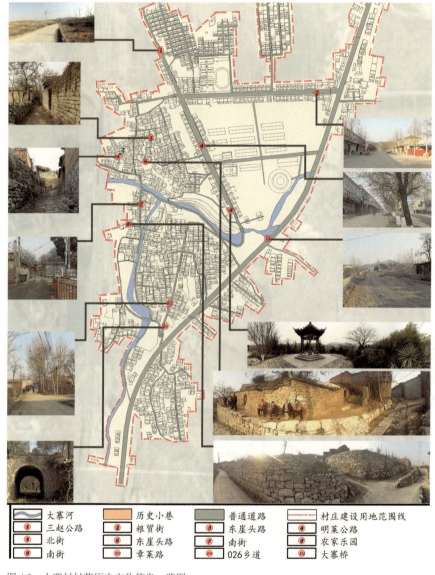

图 4.3　大寨村村落历史文化信息一览图

　　村内街巷呈鱼骨状分布,南北街为主街,主街的东西两侧有众多以姓氏命名的胡同,或狭窄,或断头,有的胡同仍保留着青石板地面。大寨村传统民居建筑主要集中分布在南街、北街和东崖头路。

　　村子所在地原为大寨河的河床，流经大寨村的河水最后汇集进入大寨河。村中有泉点6处，属于章丘齐长城泉群，泉水汇入大寨河。大寨河雨季河水潺潺，清澈见底，暴雨时则山洪涨发，河水泛滥，冬季河水干涸。大寨河水资源季节分配不均，有时水旱灾害同年发生。村子有6座较大的水库，容水都在1万立方米以上。

　　桥梁在大寨村的出行交通中发挥了重要的作用，其中最具代表性的是长泰桥。长泰桥位于大寨村东的西河之上，桥体呈南北

图4.4　长泰桥为三孔石拱桥（2022年摄）

图4.5　村落鸟瞰图（2022年摄）

走向，是锦阳关南北大道上重要的组成部分，在古时承担着泰山南北客商车马交通运输的重任。

据现存的残碑可知，明万历二十五年（1597），村民王廷的倡导修建了长泰桥。后来，该桥又经多次重修。长泰桥是拱形三孔桥，中间拱洞较大，两侧拱洞较小，全桥石结构。两个桥墩迎水一面呈现三角形，以便减少河水对桥墩的冲击。中间拱洞的拱顶处刻有一镇水兽，可惜已遭到损坏，这也是该桥上唯一的装饰之处。

图 4.6　长泰桥碑刻：碑额上装饰精美的祥云浮雕（2022 年摄）

3. 村落典型历史建筑

大寨村是鲁中山区传统村落的代表，历史风貌保存得较为完整，传统民居院落数量众多，村落历史文化内涵丰富，选址、规划、营造都具特色，对于研究地方历史、民俗、文化等都具有重要的意义。

该村落的传统建筑集中分布于村西部，建筑以清末及民国时期的居多。传统民居院落大多坐北朝南，大多数形制为三合院或四合院式，院落北面建筑为主房，一般是三开间，一明二暗，明

图 4.7　村中一处典型院落风貌（2022 年摄）

间为客厅，暗间为卧室。有的两侧还带有耳房。东、西两面建造厢房，厨房、厕所、猪圈等多设置在各房屋屋头。

　　村内的传统建筑整体简洁大方，无过多的装饰，灰砖、自然石块纹理、褐色泥土墙面、方格形门窗等相互映衬，建筑整体表现出朴拙浑厚、自然天成的一面。

图 4.8　大寨村典型夯土民居（2022 年摄）

　　村庄周围多山，村民在建房时就地取材，开山采石，故村内存在大量的石头房。房屋有的全部由石头砌成，有的用土石混合砌筑。村内传统民居的屋顶多为麦草或黄草材质，屋架为木头檩梁，窗户为木制方格窗棂。进屋门建在青石基上，一般为对开的木制灰蓝色山门。在大门两侧都嵌有腰石和卡门石，有的腰石上雕刻有代表吉祥的花纹图案。

　　大寨村传统村落的艺术价值主要体现在建筑的布局和细节上，院落大多为四合院、三合院。陈守俊院落、七圣堂建筑外的砖雕、石雕制作精美，墙上的拴马桩也保存完整，为研究大寨村的石雕、砖雕技艺提供了材料，具有极高的欣赏、研究价值。

图 4.9　雕刻着"双燕归来"图案的陈守俊家大门腰枕石，形象生动，工艺精湛（2022 年摄）

石雕和砖雕是大寨村传统建筑上最为精美的装饰。其中石雕多采用浅浮雕的手法，题材内容多样，既有寓意家宅平安、富贵吉祥的宝葫芦石雕、梅兰竹菊石雕、铜钱石雕等，也有佛家的莲花、盘长，道教的八仙过海神器等石雕。砖雕有旭日东升、祥光瑞气和花草瑞兽等样式，特别是在墀头与卡门石处的砖雕，在进行雕刻时，充分考虑了观赏和实用的需要，具有很强的立体感，没有过分的细节刻画，简洁大方，对称的同时又稍有变化，各具特色。

村中现存较好的传统建筑类型主要有防御建筑、宗庙建筑及传统民居，现存的传统民居共有 64 间，建筑风格均为典型的北方四合院格局。

图 4.10　齐长城上的锦阳关（2022 年摄）

图 4.11　曾为来往商旅重要通道的锦阳关东门，虽已残破，但拱顶依然傲立（2021 年摄）

齐长城在大寨村南 2 千米处，建于齐桓公时期，距今已有 2000 多年的历史。齐长城依山居险，蜿蜒千里，绵长雄伟，如苍龙俯卧，气势壮观。

在大寨村村东南方位有一个全国重点文物保护单位——锦阳关东门。齐国在修齐长城时，以锦阳关为军事要冲，在关以东 2 千米处设了经商通道，叫做"锦阳关东门"。此门为拱桥状，高 2.6 米，南北长 3.2 米，宽 2 米。整个桥体就地取材，全部由青石砌成。该门宽敞，旧时车马畅通无阻，从莱芜直接进入南大寨村。经过了无数次战火和风雨侵蚀，齐长城城墙大多已坍塌，但这个锦阳关东门还基本保存完好，成为了全国重点文物保护单位。

　　大寨村山上存有圩子，旧时充当锦阳关瞭望塔的功能，能及时发现敌情。大寨圩子分布于大寨村海拔高 399 米的山头之上，圩子整体呈圆形，东南至西北略长，圩子墙直径 64 米，墙宽 2.5 米。北门是主门，门宽 3 米。镶门的石墙上有石槽沟，宽 10 厘米，深 10 厘米。南门已被倒塌的石块覆盖，从外表上看，基本与北门对称。东门、西门内宽 1.7 米，镶门的石墙东西宽 0.6 米。圩子内中间顶部现存一圆形建筑物，内直径 5.1 米，墙宽 0.7 米。

　　长泰桥北面是镇武阁的遗址。该遗址全部用料石砌成，南北长 7.2 米，东西宽 5.4 米，高 3.6 米。据清光绪元年（1875）张玉荣举人撰文中载："其阁创于明嘉靖三十四年至万历年间，庙曾重为修葺，迄今三百……"传说阁楼之上塑有镇武神像，威武端庄。1937 年 12 月，日本侵略军进入山东，韩复榘部队逃跑时，说镇武阁妨碍汽车通行，强迫村民将其拆除。

图 4.12　镇武阁巨大的台基（2022 年摄）

图 4.13　镇武阁碑刻（2022 年摄）

图 4.14　玄帝阁石匾额（2022 年摄）

　　大寨村玄帝阁始建于何时不详，据明万历三十一年（1603）碑文记载："兹庄南距莱邑城，北邻章城，由古迄今，为圣地也……"玄帝阁在明朝晚期曾重修过，其位置在现镇武阁范围内。"玄帝阁"匾额尚在，1958 年 3 月修建南大寨乡政府时被当成垫脚石垒砌于墙中，现在已经被放置于镇武阁东墙之上，高 42 厘米，宽 80 厘米，阴文。

　　村内宗庙建筑现存有七圣堂与土地庙。七圣堂位于长泰桥北侧，是清嘉庆十七年（1812）在原观音堂的旧址上重修，庙堂共 7 间，为砖石结构，屋面为硬山顶，一进院落。原观音堂正门与玄帝阁平齐，重修后的七圣堂向内收约 2 米。庙屋脊上的龙之二子蚩吻图像尚存。院内有翠柏 2 株，大堂内有玉皇大帝、土地、牛王、观音、孔子、孟子、关帝雕像。1949 年，七圣堂成为大寨乡政府的办公处。2011 年春，当地对七圣堂重新进行修葺，庙堂 3 间，内供奉三教神像，定名为七圣堂。

图 4.15　七圣堂外貌（2022 年摄）

　　七圣堂现正殿 3 间，左右各有耳房。正殿的屋顶为硬山顶，建筑为砖石结构，屋顶的正脊两端有吻兽，中间有宝葫芦造型的砖雕装饰，垂脊饰有脊兽。正殿的墀头装饰简单，以青砖砌筑而成，左右两端的墀头上有用毛笔书写的"瑞气""祥光"字样。七圣堂的门楼正脊装饰有双龙戏珠，两端有吻兽，屋面为硬山顶，灰瓦敷面，瓦当和滴水均为青龙形制。

图 4.16　七圣堂正殿南立面图（2022 年摄）

　　七圣堂的西侧院墙上，镶嵌着从明朝嘉靖年间至民国时期的 19 方碑刻，有"大寨店"的横匾、《镇武阁重修记》碑，等等。其中有两方碑碣的研究价值极高：一是《加修长城碑》，为清代同治三年（1864）九月立，记载了 6 次重修齐长城的时间，以及参与重修的村庄和章丘善人捐款明细；二是清代光绪九年（1883）的《禁赌碑》，由本村陈方美、孙发青等人发出倡议，上报县衙，制定了村庄自治的公约，把"犯国法、失家教"等列为"十戒"，

图 4.17　镶嵌在七圣堂墙面的石碑刻，记录了成大寨的历史变迁（2022 年摄）

图 4.18　长泰桥位于大寨村东的西河之上，是锦阳关南北大道上重要的组成部分（2022 年摄）

还把"地棍、酒徒、匪人嚼（骂）街"等列为追究条例。前人们订立的做人之道德规范，实在令现代人望尘莫及。

据村内老人回忆，土地庙在三山不显的北山上，是独立的建筑物。土地庙既是村民春祈秋报的地方，又是亡人后送浆水的地点。清嘉庆年间村人重修七圣堂庙，作为七圣之一的土地神被迁于庙内，并单独供奉。1958 年南大寨乡扩建乡政府的办公院落，村人又将土地庙迁移于半山腰。

村民陈守俊宅、李金海宅、张明发宅是大寨村保留得较为完好的传统院落，保存着较为完整的院落格局，其建筑风格和结构反映了本地区的地方特色，蕴含着丰富的地域文化，承载着当地人在建设家园时的风俗习惯、思维方式、行为规范等，同时反映了山东境内清末民初时建筑的共性，具有极高的文物历史价值。

陈守俊宅位于村北街 52 号，原为草药铺。院落南侧有七圣堂、玄帝阁。正门为临街的 3 间南屋，硬山顶，抬梁结构，砖石基座，泥土墙面。原为麦秸顶，而后因年久失修、风雨侵蚀，换成了红瓦顶。

图 4.19　陈守俊正房立面图

图 4.20　墀头装饰：浮雕花篮，刻有"日升"二字（2022 年摄）

图 4.21　刻有"日升""月恒"浮雕葫芦花篮图案的墀头（2022 年摄）

装饰冰纹下门枕石、双燕归来腰枕石左右对称，墀头刻有"日升""月恒"字样，浮雕葫芦、竹篮分别镶嵌在左右两侧。东厢房为两开间，屋顶为硬山顶，腰枕石装饰相对精彩，左侧为吕洞宾斩妖剑、张果老黑驴，右侧为张果老龙头拐杖、韩湘子笛子。

　　李金海宅位于村南街，是一进三合院。门楼设有三级台阶，高门槛，腰线以下为石头，腰线以上为青砖。此门楼墀头上的"旭日东升"四字是李金海亲自雕刻完成的。院子独特之处在于悬棚的设计，主要用于晾晒地瓜干及存放粮食、杂物。

　　院落正房5间，硬山顶，砖石结构，装饰有仿斗拱结构。东厢房具有百年历史，工艺考究，顶面因年久失修而覆盖了彩钢板，两侧腰枕石完全相同，装饰有"四君子""富贵同春"，鹿同"禄"，象征长寿和繁荣昌盛；梅花花瓣有五，寓意五福，即"福、禄、寿、喜、财"。

图 4.22　李金海家宅大门（2022 年摄）

图 4.23　富贵同春的腰枕石（2022 年摄）

　　张明发宅坐落于七圣堂的北面，距离七圣堂约 500 米。该院落共有 12 间房子，建于民国时期，距今已有百年历史。屋顶原为茅草屋顶，部分房子因年久失修，屋面损坏，现已经被改造为红瓦屋面。西厢房共 3 间，茅草屋顶，现已坍塌。建筑的墙体都是夯土墙，表面坑洼不平，展示了百年住宅的沧桑。

图 4.24 张明发院落立面手绘图（李春绘）

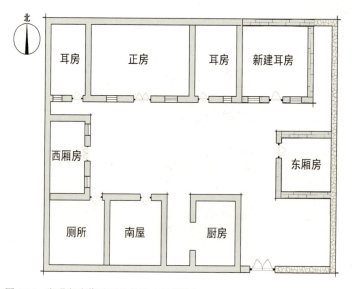

图 4.25 张明发院落平面示意图（李春绘）

4.村落民俗生活与非遗传承

在生产劳作之外，大寨村人在长期生产过程中形成了丰富多彩的娱乐和饮食民俗，并世代传承。其中较有特色的是扮玩、子弟班、摊煎饼等。村子山上还产有丰富的中草药。

大寨村扮玩历史悠久，内容丰富多彩。每当新年表演的时候，村民们便自发组织扮玩队伍，通常每组队伍人数约有 20 人，男女老少皆有。扮玩队伍前列是扮演县令出行，阵势庞大威风：两名手举模仿县衙设置的"肃静""回避"牌的侍卫在前方开道，后面是用椅子扎成的爬山轿，由 4 人抬行。县令身穿大红袍，头戴乌纱帽，腰扎玉带，脚穿官靴，手持史书，文质彬彬，坐在轿

内。身穿有"卒"字的坎肩的侍卫，分列两侧，凸肚挺胸，威风
凛凛。一名书吏师爷和两名挑箱书童跟随其后。逼真的县令巡视
场面，让观众身临其境。

　　在县令队伍后面，有热闹非凡的"高跷队""划旱船""舞狮
子""舞龙队"等节目表演，让大寨村老百姓大饱眼福，津津乐道。

图 4.26　新年扮玩的热闹场景（2021 年摄）

　　高跷队的经典表演节目有《梁山伯与祝英台》《许仙借伞》
《拾玉镯》等。演员们脚绑木跷，身穿传统戏服，身体灵活地表
演着各种动作，形式活泼有趣，深受大寨村村民的喜爱。跑船组
表演的形式即划旱船，船内人物作新娘打扮，划船者为船公打扮，
用竹批制成划船桨。表演时，船公先做起锚、升帆动作，旱船开
始启动，跑圆场，走十字形，套路走串八字形等。还有草船打扮，
旧时穷苦，用破木条做船，无帆、无篷，只有渔翁戴着破草帽捕
鱼。村民们舞狮子表演分为单人狮、双人狮，一般表演狮子滚绣
球，舞狮人按锣鼓节奏和引狮的动作摇头摆尾。玩龙组表演的主

图 4.27　新年舞龙热闹场景
（2021 年摄）

要节目是《二龙戏珠》《九龙翻身》，表演时跟随引龙演员的动作，龙随珠舞，尾随头动。

除以上主要节目外，村民们还会排练《吕洞宾戏牡丹》《王小子赶脚》《赶黑驴》《白猿偷桃》《姜太公钓鱼》等传统戏曲节目，以及一些如表现抗美援朝、保家卫国等内容的爱国主义节目，以激发观众的爱国热情。

除了上面这些新年传统的民俗活动之外，村民们在日常生活中还有许多丰富多彩的民俗活动，为劳作之余的生活增添乐趣。其中最有代表性的是"子弟班"。

1947年前，村内有赵宗远吹唢呐，刘庆仁拉板胡，赵延英、靳化乃、叶恒德吹笛子，黄大仙吹双管等，他们的演奏合在一起，热闹非凡。十几人的子弟班主要演奏戏曲中的小曲、过场音乐等，以民间小调为基础，形成独特的地方乐种。他们平时白天生产劳作，晚上凑在一起进行演奏，每逢村内有婚丧嫁娶，被邀去演奏，不收费用，只需设宴款待即可。

图 4.28　子弟班演奏场景（2020 年摄）

勤劳纯朴的大寨村民在劳作之余，也享受着自己的劳动成果，他们将收割的金灿灿的小麦、玉米等，制作出一种让一代代大寨人都割舍不掉的传统美食—杂粮煎饼。这是一种营养成分极高的美食，村民们将其当作主食。

制作杂粮煎饼所需要的原材料都是由大寨村村民自己种植而来的，例如玉米、小麦、地瓜等。村民们将制作煎饼的各种食材打磨成粉，按一定比例掺和在一起，加水搅拌成糊状，压缩水分以后成团状，再放在鏊子上摊制。

摊制煎饼是个技术活，一般都由家里做饭经验丰富的女性来完成，面团在她们手里自如地滚动，瞬间就形成一张薄而圆的煎饼皮。烙成的煎饼水分少，较干燥，依喜好可厚可薄，方便叠层。

图 4.29　村民制作杂粮煎饼的场景（2021 年摄）

杂粮煎饼口感筋道，味道美，食用时需要长时间的咀嚼，食用后耐饥饿，大寨村人无论是走亲访友还是离家远行，都会带上几包自己做的杂粮煎饼。

村域内山峰众多的大寨村也享用着大山的馈赠，那就是山上野生的种类丰富的中草药。据村民介绍，大寨山上的中草药种类有 100 多种，如平时常用的蒲公英、野菊花、败酱草、黄芩、白茅根、益母草、地榆、射干、小蓟、紫花地丁等中草药，在大寨山上随处可见，数不胜数。20 世纪七八十年代物资匮乏，村民不仅上山采药卖钱，补贴家用，而且还将山上的中草药当成为了他们生活中不可或缺的救命药材和食用之物。在平日采药、识药、卖药的过程中，村民们对常用中草药的功用、性味等早已了然于心，遇到头疼、咳嗽、失眠、发烧、腿疼腰酸等症时，都会轻松应对，随时给自己配上一服中药，少受缺医少药之苦；如防风加蝉蜕，可以治皮肤瘙痒，瓜蒌煮水可治胸闷痰多咳嗽，蒲公英煎水可消炎祛痈，等等。

随着生活条件和医疗条件不断改善，大寨村的村民虽不用再像从前那么频繁地去山上采药卖钱，但中草药依然没有远离他们的生活。如每当蒲公英、败酱草、酸枣仁、茵陈等中草药采挖的季节，聪明的大寨村人就会去山里采摘这些新鲜的药材，将其用水泡洗干净，晾干切碎，拌上豆面、盐，或煮成粥，或做成菜团子，使之成为饭桌上最美味的一道佳肴。

伍

东、西田广村：龙神庙前架高铁

1. 地理环境与历史沿革

东、西田广村位于济南市章丘区文祖街道办事处驻地东南 8.5 千米处，距省会济南 50 多千米，距章丘区政府 21 千米，距文祖镇街道办事处 10 千米。济南至博山的大峪古道自村中通过。

东、西田广村四面环山，两面山峰耸立，地势东高西低，南北高中间低，村落整体呈带状。村内有一条河流穿过，传统民居沿河向东铺开。受地形条件影响，村内水资源多依赖降雨补给。

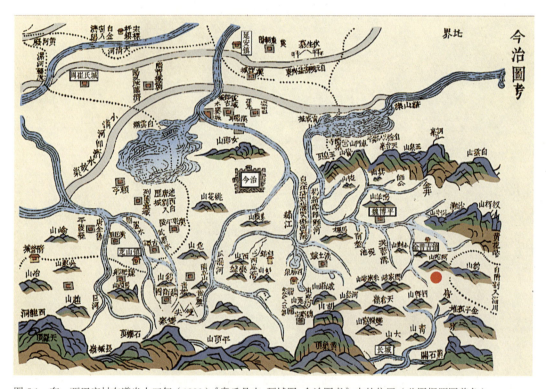

图 5.1　东、西田广村在道光十三年（1833）《章丘县志·疆域图·今治图考》中的位置（此图据原图着色）

据《章丘市地名志》记载：明天顺元年（1457），李姓三户由河北枣强迁来，分居村东部、中部、西部，因此，村子取名为李三家峪。因缺水，有一名叫田广的人主动找水打井，并打成后，李姓已败落，遂改村名为田广，以示永久纪念。

东田广村现有住户 505 户，人口 1040 人，耕地 1425 亩，村民姓氏现有巩、张、陈、王、韩、周、冈、赵、马、高；西田广村现有居住户 510 户，人口 1478 人，耕地 960 亩，人均收入 8000 元，村民姓氏现有石、李、冯、郭、张、边、韦、景、王、陈、仇、靳等。两村主产小麦、玉米、杂粮，盛产花椒，年产干花椒 10 万公斤，花椒是两村民户重要的经济收入来源。

2.村落空间格局

　　东、西田广村四周皆为梯田和山林,村内有河流自东向西蜿蜒流过。村庄南部有一座峰岭,像一条卷曲的苍龙一头钻入地下,可惜上百来年河床淤积已把龙口填满。村北的峰岭则像一只趴卧的老虎。

　　东、西田广村的街道呈枝状,传统建筑多分布在主要道路两侧,大部分建筑已经过翻修,屋顶被换成红瓦铺装。部分土坯房保存得相对完好,但多已为空置房屋。

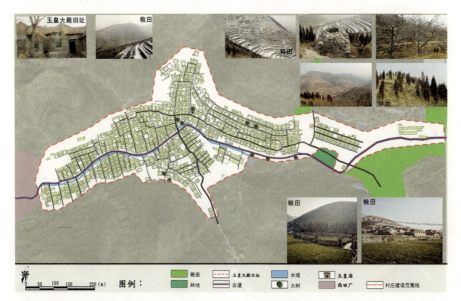

图 5.2　东田广村要素分布图

图 5.3　西田广村要素分布图

　　东西向的中心大街是村庄的主要对外通道，传统建筑主要分布于此街两侧，排布密集。其他道路均与中心大街相连，巷道宽窄不一，路面多用石子、水泥铺成，少部分道路为土路。由于东、西田广村位于山谷之间，地势崎岖，因此，村内道路多存有高差。

图5.4　村内传统小路，多用石块铺设（2022年摄）

图5.5　村内传统街巷随山势起伏，宽窄不一（2022年摄）

3. 村落典型历史建筑

东、西田广村现存较好的传统建筑主要有宗庙建筑和传统民居建筑，其中宗庙建筑有玉皇庙和龙神庙。

玉皇庙坐落在村庄中心街中段路北，北靠卧牛山山脚，占地15亩，约建于明朝嘉靖年间，现有明万历年间的施舍碑一块，已有近500年的历史。因年久失修，玉皇庙的殿房破败，至清乾隆盛世时才扩建整修，原来的草房成了瓦房。玉皇庙门前有21级台阶。路南侧有一座大影壁，东西长约20米，高约10米，极为精致。庙四角翘首，正脊有走兽，中间有宝顶，台阶两侧有石护栏。在山门正中还塑有王灵官塑像，其环眼扎须，手持钢鞭，威风凛凛。塑像后则是一个四角亭，亭下有一个精制的石桌。玉皇庙有大殿3间，四梁八柱，雕梁画栋，前厦有飞檐斗拱，前檐下塑有六条金龙，活灵活现。殿内正中有一座玉皇大帝塑像，体态高大，面善慈祥，全金装塑像，显得格外庄严。两边塑有金童玉女，塑像外有玻璃罩。在殿内两侧还分别塑有老梁灏、千里眼、顺风耳、托塔天王李靖、千手佛。门神有秦叔宝和尉迟公。这些塑像神态各异，八面威风。门前还有一对石狮子，精致漂亮。在玉皇庙的东侧有一个占地约2亩地的庭院，有瓦房5间，传说是"地府鬼城"，用来严惩在阳间做了坏事恶事的人。在过去香火兴盛的年代，每年正月初九这天，胡山、锦屏山、三德范、黑塔、青野、水龙洞、大寨、吕祖泉等地的住庙主持人都来帮忙；而如今，东田广村的玉皇庙因历史原因只留下一个残垣断壁的遗址。

图5.6 约建于明朝嘉靖年间的玉皇庙正房，其门、窗、屋面均已被更换（2022年摄）

图 5.7　修缮后的龙神庙，窗户为整石雕刻成的镂空钱币样式，无梁殿建造式样（2022 年摄）

图 5.8　玉皇庙外立面手绘图（李春绘）

　　龙神庙位于西田广村主路旁的一处高台上，现已经过修缮，整体为单开间、硬山顶形式，大门呈拱形，两座西配房已坍塌。龙神庙的独特之处在于其屋檐下的建筑修饰为砖制仿木造斗拱式，这种形式在同类型庙宇中非常少见。庙主体除了两扇门之外，其他建筑构件均采用细料石，两侧窗子则采用青石板雕刻成镂空形式。庙房顶呈拱形，全部采用青石砌成；外房顶则用石灰泥做底，屋面则用各种样式的小叶黛瓦叠加而成，精致美观。

　　龙神庙内东西两侧墙壁上还保留着两幅精美的壁画，但由于受风雨侵蚀，壁画内容已遭受严重的破坏，仅壁画上半部分保存得较完整，下半部分已剥落，露出条石墙体。壁画上方绘制有飞龙，周围云彩与海浪密布，龙王在空中穿梭，好似在施展着法术。壁画画面波澜壮阔，极为壮观。下方壁画整体清新淡雅，有蓝、白、红、青等颜色，虽然表面已斑驳不清，但仍能看出画面中绘制有各路神仙，神态传神，笔触细腻。此幅壁画主要描绘了龙王行云布雨及各方神仙到来的场景，寄托着人们对安定生活的美好祈愿。

图 5.9 龙王庙内现存壁画及其细部图，人物绘制得惟妙惟肖，笔触细腻（2022 年摄）

　　在龙神庙旁还存有一块石碑，曰"重修龙神庙碑记"，碑高四尺有五，宽二尺有一。碑文的大意是：根据祭祀的礼仪和制度，龙神的职责是行云布雨，保证风调雨顺，因此，皇帝下令都要修建龙神庙。龙神庙旁有一古井，此座龙神庙则是为祭祀庙旁古井中的龙神而修建的。很久之前修了一座龙神庙，但因年久失修，已经很破旧了，若不修葺，便不能风调雨顺，年年丰收。传说庙旁井内有水终年不枯，这都是龙王保佑。

图 5.10　龙神庙旁的古井，井口一道道沟痕映射出岁月的痕迹（2022 年摄）　　图 5.11　龙神庙旁竖立的重修龙神庙碑（2022 年摄）

　　东、西田广村的传统民居主要采用土坯和砖石混合建造而成。为节省成本，建造时用土坯砖做墙体，房屋四周位置用青砖砌筑，样式大气。村内传统民居院落大多坐北朝南、单门独院，院内均有倒座，三合院格局，正房三间，两侧为厢房，为明清造型风格。单体建筑一般以方石砌墙基，墙体外层用青砖加固，内层为土坯，墙体厚约 50 厘米，两层之间用铁撅固定。屋顶梁架均为抬梁式木结构，用排架组成若干间单体房间。硬山屋顶，有的院落是透风屋脊，山墙面、屋檐、屋头处均有砖雕装饰。大门位于院落的东南处，临街而建，门柱、门扇、枋子皆为实木。现村内大部分建筑都经过翻修，屋顶多被换成红瓦屋顶。仅有部分土坯房保存得相对完好，但多为空置房屋。

图 5.12　村内现存的典型的土石结构房屋（2022 年摄）

图 5.13　雪后，东、西田广村的层层梯田（2022 年摄）

图 5.14　东、西田广村内仍保留着传统民居风貌（2022 年摄）

　　现存门楼檐下还有精致的挂落和雀替，虽已有残损，但从生动玲珑的卷草纹样中仍能领略到木雕工艺的精美。石雕和砖雕是东、西田广村传统建筑上最为精美的装饰，其中，石雕多以浅浮雕的手法刻绘，题材内容多样，有如意石雕、宝葫芦石雕、铜钱石雕，寓意家宅平安、富贵吉祥。砖雕则有五福拜寿、双喜如意砖雕等。特别是在屋脊与檐口处的石雕、砖雕，工匠们在雕刻时充分考虑了观赏的需要，花草的叶片或花瓣都突出整体，不做细节刻画，而花蕊等处则通过对比的手法雕刻出不同的疏密样式，重点突出。

　　除了宗庙建筑和传统民居建筑以外，东、西田广村还有部分历史遗迹，包括盘道峪和桌峪。

　　盘道峪，该峪之所以得名是因为翻越此处山梁必须经历九曲十八盘。在山路旁还有一山泉，名为马踏泉。相传宋代名将孟良，

图 5.15　墀头砖雕，细致多样（2022 年摄）　　图 5.16　层次丰富、工艺精湛的墀头砖雕（2022 年摄）

经此地时，人马饥渴，便坐地休息，马的前蹄扒出了清泉。至今山泉依旧流淌。此路也是济南南部山区去往博山的必经之路，山谷口有一石碑上书"大路南行"四个大字，告知行人莫要走错路。

桌峪。当地村民称之为"结峪"。该峪在齐长城脚下，是由南大岭向北延伸的两道山梁所形成的，因为山谷内有一大石桌，所以得名为桌峪。此石桌面积近 10 平方米，相传太上老君与南极仙翁在此桌上下棋，有一樵夫在一旁观棋。一盘结局，樵夫回家，家中成员已概不相识，细细查询已逾百年，问其缘故是樵夫吃了神仙几个桃子。

4. 村落民俗生活与非遗传承

东、西田广村自古以来民风淳朴，从建村以来，多务农桑，勤劳耕作。旧时长山县风俗较多，村民看重婚姻、丧葬之礼，男女之间缔结婚姻需有媒妁往来通姓名，重"六礼"；父母终，孝子举哀，披头跣足，三日入殓，亲友酬金吊丧。在生产节俗方面，民众较注重立春习俗，立春日需要迎土牛、剪春幡、煎生菜、食春饼等；社日（以立春、立秋后的第五个戊日为社日），村民有祭祀土地神之习俗。这些生产生活节俗都表达了民众对年景顺利、五谷丰收、家运祥和的美好期盼。

随着时代变迁，现在的东、西田广村生产和生活习俗已发生了显著变化，婚姻、丧葬之礼都已简化，男女之间提倡自由恋爱。现代化生产工具的使用，使过去的立春、社日等节俗也逐渐消失，但立春后，人们为吃个新鲜，仍会去挖野菜煎食。除了生产劳作之外，人们为吃个新鲜，仍会去挖野菜煎食。除了生产劳作之外，东、西田广村生活娱乐活动主要有扮玩、戏剧等，饮食方面主要是做浆水豆腐。

东、西田广村的扮玩历史悠久，传承时间已有上百年，形成了一年一度的扮玩民俗文化。扮玩活动尤以"舞狮"和锣鼓队表演为出名，每年正月，上至花甲之人，下至几岁孩童，均会积极参与。

图 5.17　东、西田广村的扮玩活动（2022 年摄）

东、西田广村采用传统酸浆点制法来制作浆水豆腐的历史有100 年左右。每逢过节，家家基本都会准备浆水豆腐。因此，做浆水豆腐也成了村民们的基本技能。浆水豆腐的制作工艺较复杂，首先，选用新鲜的黄豆，将其浸泡在清水中 6-8 个小时，待黄豆充分吸水后放入机器中，并加入适量清水磨成豆浆。豆浆磨好后，用过滤网过筛，去除豆渣。去除的豆渣可用来喂猪。其次，将过滤好的豆浆倒入锅中，用小火慢慢加热至沸腾，在加热过程中需要不断搅拌，以防豆浆粘底。最后，待豆浆沸腾时，开始用酸浆点豆腐。酸浆点豆腐是制作过程中最重要的一步，点酸浆时，需慢慢倒入锅里，每点一次需停歇 5 分钟，整个制作过程需要点 4-5回酸浆，用时约半个小时。待豆汁成块后，用瓢舀到布里，放入模具中，压上石头等重物，豆腐即可成型。浆水豆腐所用的酸浆则是豆浆在发酵凝结成块过程中，表面浮起的液体。酸浆主要来源于黄豆本身，并可循环使用，所以在每次制作豆腐时，需提前预留出下次制作时使用的酸浆。

图 5.18　东、西田广村采用传统酸浆点制的浆水豆腐（2022 年摄）

陆

龙华村：长白山下的商贾大村

1.地理环境与历史沿革

　　龙华村位于山东省济南市章丘区普集街道北部，距章丘城 9 千米，北依鸣羊山，南傍红石河，东有卧牛山，西南方向沃野千亩，背山面水。村北鸣羊山、村东盘龙山、龙华水库以及村南杏林水库，将村子三面围合，形成向西开口的漏斗状。

　　龙华村交通区位优越，村南方有 102 省道、309 国道，与北京、青岛、济南、潍坊等大中城市交通往来便利。乡道 032 公路、005 公路十字相交于村落东南角，村民出行便利。

　　据资料记载，明洪武二年（1369）张氏先祖从河北枣强迁移而来，在此繁衍生息，成为当地的大族。龙华村原来为张氏祖姓的村落，本村人全部姓张，民国至解放后才相继有孙、吴、李、王、朱等姓氏迁移落户。村庄现为杂姓村，但张姓仍为村中大姓，占主体。自清末民初以来，张氏有从事商贾贸易发家者多人，他们广置田产，豪修大宅，名震府县。近现代张氏更是名人辈出，从抗日英雄到政企精英，不胜枚举。

图 6.1　龙华村地理环境分布图

图 6.2　龙华村传统街巷示意图

2. 村落空间格局

　　龙华村地处河谷丘陵地区，水源丰沛：东有龙华水库，南有杏林水库，东南方为红石河（属小清河水系）。村庄地势北高南低，东高西低，红石河自东北而来，绕村半周，向西南而去。从环境心理学角度来说：村子三面有阻挡，且东面与南面又控制了村落开阔的视野，符合人们对环境安全感的需求。

　　龙华村由北向南发展，村内街巷四通八达，主要大街东西、南北方向十字相交，两纵三横，中心街道明确。村落传统格局街巷体系完整，主要传统建筑高度集中于村落中心位置，外郭内墙，布局严谨，在兵荒马乱时代异常安全。

　　村庄整体以中心大街为界，大街北部为村庄历史核心片区，南部及东部为新中国成立之后逐渐兴建起来的新居住区。村庄历史核心片区以龙华古圩子墙围合区域为主要构成部分，区域内历史建筑较多，历史要素丰富。根据分布位置，核心片区又可划分为中心片区、家庙片区、南街片区及北街片区。中心片区位于村庄中心地带，片区内现存有较多明清时期建筑，包括致中堂、致远堂等；家庙片区位于村庄西部，片区内建筑多为民国之前所建。龙华村家庙位于该片区内，家庙东侧有古槐树一棵。南街片区为中心片区的南拓区域，建筑多为民国时期建成的，现存有二层倒挂金钟，结构完好。北街片区位于村庄北部，近邻龙华北街，张延经宅即位于该片区内，院落保存得完整。以龙华历史核心片区为基础向东、向南发展成为新的村落居住区，新居住区主要为新中国成立之后建设，建筑形式多为现代式样，红墙红瓦。

村落的两大片区（五小片区）的空间格局相对规整，均为十字交错和丁字口街巷。龙华村历史核心片区内除南街、中心大街和北街三条东西大街外，多为南北向长巷，有较多东西向短巷与之呈"丁"字或"十"字相交。村北片区，除北街一条东西走向大街外，另有两条南北向道路通向山体田野。新村居住区的整体规划较为规整，片区内道路多为南北向巷道，依靠两条县乡道对外连通。公共空间除村委内的幸福大院外，村中心大街中段还有村民自发建设的健身广场一处。

3.村落典型历史建筑

龙华村处于山前丘陵地势较平缓之处，院落整齐有序，传统民居形态以四合院为主，坐北朝南，院落分为一进院和二进院，

图6.3　龙华村历史要素分布图

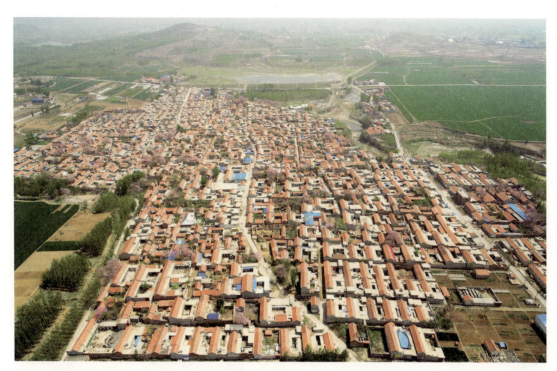

图 6.4　龙华村的传统院落格局规整，排列有序（2023 年摄）

少数大户为三进院落。院落由正房、厢房和倒座组成，正房三到五开间，厢房两到三开间。院落若位于南北街巷一侧，则大门常与厢房相连，独立影壁正对大门；如果沿东西街巷一侧，门楼则多在巽位（倒座东侧、正房西侧），且多为硬山门楼。富裕的大户人家为了彰显家世名望，门楼则建为独立的屋宇式门楼，大门与厢房山墙上的座山影壁相对。二进院落分为前院与后院，前院狭长而窄隘，后院则方正开阔。前院与后院之间以垂花门相连通，垂花门就是老百姓所说的"大门不出，二门不迈"的"二门"。后院北面为正房，主人居住；东、西厢房略低于正房，是院主人儿孙们的居所；倒座房——前院南面的屋子，与大门相连，北向开窗，采光较差，旧时用作佣人的居所。传统院落石板铺地，院内正房明间正对墙壁处常设简易的方形天地神龛，建筑沿街一侧墙体一般设有拴马石。建筑单体多为石木结构或石、砖、木混合结构，硬山坡屋顶，屋脊一般为砖砌抹脊，两端略有起翘。村落早期的建筑屋架为抬梁式，村内大户人家建造的规整合院多为抬梁式构造，梁架用料讲究，椽上覆笆砖，清中晚期多"三支香"和三角架式梁架、细密檩，檩上搁椽，上覆芦苇或高粱秸秆、荆条等编就的屋笆，笆上抹黄泥，泥上铺设单层仰瓦，檐口置瓦当、滴水。传统民居屋檐多用青石板挑檐，少数用青砖叠涩拔檐。门窗上部多用过梁木或条石作门窗楣，窗洞下设条石窗台，门窗样式为竖棂格。民国中后期出现砖砌拱形门窗楣，门窗洞砌有青砖门窗套。

龙华村传统民居的雕饰精工细作，寓意深远，木雕、石雕、砖雕皆具有地方特色，建筑细部及装饰构件精巧，艺术价值极高。

图 6.5　村庄内致中堂一、二进传统四合院鸟瞰图（2023 年摄）

图 6.6　村庄内的"三支香"式梁架，用料讲究，椽上覆苫砖（2023 年摄）

图 6.7　檐口叠涩的青砖，精雕细刻（2023 年摄）

图 6.8　刻有蜻蜓纹样的瓦当（2023 年摄）

图 6.9　致中堂门楼下的透雕挂落，上疏下密，刀法圆润、线条优美（2023 年摄）

木雕以挂落、雀替最为精彩，以致中堂为例，其门楼檐下置有透雕挂落，挂落上半部正中间为"寿"字纹，寓意福寿绵长；下半部为串枝牡丹，木雕圆润，线条柔顺优美，花瓣、叶子层次丰富鲜明。且牡丹素来寓意吉祥，含富贵之意，暗示主人家为富贵之家。垂柱正面浮雕宝瓶、石榴，侧面浮雕梅花鹿和梅花树，石榴寓多子，"鹿""禄"同音，寓意福禄和俸禄，寄托主人对后世多子多福、高官厚禄的美好愿望。石雕常见于门枕石、腰枕石与拴马石。门枕石与腰枕石分置大门底部与中部，精錾细凿，錾纹细密、排列有序，整体造型简洁，起到固定板门的作用。腰枕石又叫卡门石，富裕人家为了美观，常将卡门石突出部分雕成竹节状等其他形状，以达到装饰作用；拴马石以大户人家外墙上的石雕最为精致，不仅錾刻规整，而且造型独特精巧，张延年三进大院的倒座墙上就整齐排列有数个狮子造型的拴马石。砖雕则集中于村内民居墀头、檐口、博风、影壁等部位，造型多样，题材丰富。常见题材以花草纹和几何纹为主，有时两者结合使用。

龙华村除致中堂、致远堂和张延经三进大院等大宅院外，还有龙华家庙、倒挂金钟古砖楼等传统民居。

致中堂位于龙华村南街东端北侧，建于清末，为南北相连、回廊式三进三出院落，在 2018 年被济南市人民政府评选为济南市历史建筑。过去龙华村有五大堂号，五大堂主人经商致富后，在家乡豪修宅院，广置田产，成为村中乃至章丘地区有名的富商大户，致中堂便是五大堂其中之一。过去该院落属于一户主人，

图 6.10　狮头造型的拴马石（2023 年摄）

图 6.11　狮子造型的拴马石（2023 年摄）

图 6.12　腰枕石凸出部分雕成竹节状（2023 年摄）

图 6.13　致中堂沿街一侧倒座与门楼，高大气派（2023 年摄）

图 6.14　民居院内独立的影壁墙，砖雕精美，造型别致（2023 年摄）

现已分割为三处民宅。致中堂前院院落为四合院式，正房三开间，东西厢房各三间，正房明显高于两侧厢房，倒座与门楼相连，平面五开间。院落大门属屋宇式金柱大门，门楼宽大高耸，门板厚实坚固，门当青石精雕花卉，院门正对厢房座山影壁，门楼东侧外墙有"泰山石敢当"壁龛。各房皆保持传统样式，硬山屋顶，

图 6.15　附着在东厢房山墙之上的座山影壁（2023 年摄）

顶铺青色仰合小瓦，除正房屋脊外，其余各房皆为透风脊，两端微微翘起。门楼单独一间，略低于倒座，墀头上部盘头部分雕有梅兰花卉，辅以卷草纹、回纹等传统纹样，上身青砖砌筑，下碱、台基青石板垒砌。倒座房高大挺拔，下碱两层青石，严丝合缝，上身青砖满砌至檐口，檐口以上，青砖叠涩，檐口底部装饰有花草纹青砖，逐层往上，分布几何纹样薄砖，斗拱状叠涩挑檐砖，繁复精美。厢房硬山卷棚顶，墙体砌筑方式与倒座无异，只是檐口叠涩部分较倒座稍显逊色。正房最为高大，梁架结构为抬梁式，且是跨度较大的七架梁，墙体、房内分别置有八根圆柱，梁架承托檩条，椽上覆笆砖，飞椽出檐。正房悬挂黄底黑字门匾一块，行楷书"致中堂"三个大字。正房厅堂建造得极为讲究，金檩下部、檐檩与额枋之间下施透雕几何回纹挂落。屋内金柱与梁枋交接处下施雀替，雀替雕刻梅花、缠草图案，精美绝伦。正房两侧墀头砖雕使用浮雕手法，雕刻有文房几案与兰花，画面栩栩如生。

图 6.17　致中堂正房两侧墀头浮雕案几和兰花（2023 年摄）

图 6.16　致中堂正房悬挂的牌匾（2023 年摄）

图 6.18　致中堂门楼两侧墀头，浮雕有梅花和缠草纹等（2023 年摄）

致远堂位于龙华村村委东侧，紧邻致中堂，院落整体保存完整，由正房、东西厢房和倒座组成四合院。门楼建筑样式传统，仰合小青瓦屋面，透风小脊，下部墙体用青砖砌筑，内外墀头雕刻有梅兰竹菊、梅花鹿等纹样，寓意吉祥如意，福禄无疆。正房已被翻新改建，东西厢房均保留原有样式，青石砌筑，檐口青砖叠涩出挑。山墙下碱由青石构成，腰线为三层青砖，上身外层为渣土砖。东厢房后墙墙体内嵌石碑一处，南墙墙内设有影壁一座。影壁用青砖砌筑，其中心用方砖呈 45°角铺砌，由内至外，渐次围饰竹节、回形纹等图案，至檐口处，砖雕墀头、挂落，往上青砖斗拱状叠涩出挑，影壁须弥座束腰处雕饰精美，从右至左，依次砌有梅、兰、竹、菊、莲等五块青砖，中间以砖雕竹节分隔。

图 6.19　致远堂门楼正面，高大简约（2023 年摄）　　　图 6.20　致远堂座山影壁，装饰精美（2023 年摄）

张延经三进大院位于村庄北街西段路北，院落为由正房、东西厢和倒座组成的三进四合院，现已被拆分为三处民居。建筑整体建造精细，各房下碱均用精錾花岗岩块石砌筑，腰线以上青砖砌筑，磨砖对缝，墙心填渣土砖。院落门楼高大气派，屋面覆仰合小青瓦，透风小脊，墀头上部雕有"卍"字符。院落一进院内有三座影壁，分列于"二门"两侧与东厢房山墙上，结构严谨，做工精细。门楼与南屋相连，砖石结构，建筑质量较高。外墙上镶有多个拴马石，见证着院落曾经的辉煌。

图 6.21　张延经一进大院内的三座影壁，分置二门左右与东厢山墙面，做工精细（2023 年摄）

　　龙华家庙位于中心大街东段路北，约建于清末年间，是由正房、东西厢房和倒座组成的四合院。屋面为单面仰瓦，有滴水。除东厢现已改为储物室外，整体保存得较好。沿街倒座砖砌叠涩至檐口，腰线以下用精錾细磨的块石砌成，腰线以上青砖砌筑。屋宇式大门设于倒座，大门梁架承托檐檩，椽覆笆砖，设飞椽出檐，墀头的盘头处雕刻有花草纹饰，尤为精美。原位于大门顶部的门匾已被拆除，临街倒座外墙上修建有拴马石，其造型有如意状、狮子状等。

图 6.22　龙华家庙的西南一角，足以看出当年的气派繁华（2023 年摄）

　　张耀廷院也是五大堂中的其中一个院落，原本三个院子连在一起，是致中堂主人四儿子的院子。土改时，三个院子都被收归村里所有。张耀廷所住的院落曾是村里的办公室。解放后，被张耀廷从村里买了下来。另两处院落则分给了别的村民。该院落为三合院式，分为北屋和东西厢房，北屋七间，三间正屋，左右各两间耳房。中间三间为二层小楼式建筑，明显高出左右耳房。这种建筑样式也叫倒挂金钟。砖楼和东西厢房均为砖石

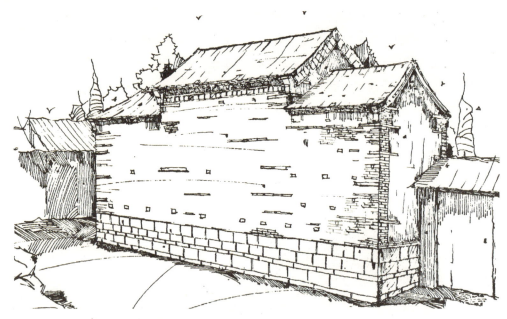

图 6.23 二层的倒挂金钟古砖楼背面线稿（冯传森绘）

图 6.24 倒挂金钟后檐上部做斗拱状砖檐，下部卷草纹装饰（冯传森绘）

图 6.25 历经数百年的三孔兴龙桥，位于红石河上（2023 年摄）

图 6.26　兴龙桥上拱尖雕刻着镇水神兽，正上嵌有"兴龙桥"青石大匾一方（2023 年摄）

结构，青石房基，墙体厚 70 厘米，外层为青砖，内层为灰渣砖，门窗过梁用整块条石砌筑，房屋两侧墀头上的砖雕图案精美，饰卷草纹与步步锦纹样，寓意前途似锦。后檐口上部做斗拱状砖檐，下部有卷草纹花砖装饰。倒挂金钟古砖楼位于村庄历史核心区中心大街东段路南，正对龙华致远堂，是村庄内仅存的一处二层传统建筑。

兴龙桥，据清道光年间的《章丘县志》记载："兴隆桥，在龙化庄南。"即坐落于今济南市章丘区龙华村南的红石河上，为进村的必经之地。此桥始建于明成化五年（1469），雍正五年（1727）二修，民国十五年（1926）三修，石拱三孔，为古代由周村通往章丘城和济南府的通衢要道，有古章丘"城东第一桥"的美誉。

兴龙桥总长 50 多米，宽约 5 米，拱高 10 多米，是典型的三孔石拱桥。原为沙石桥，民国十五年（1926）三修时改用了石质较好的鸣羊山豆青石。三孔桃形拱券，坚实美观。券顶迎水一侧均雕有造型生动的镇水兽头，正中间石拱顶部镶有"兴龙桥"青石匾一方。石拱发券均用白矾灌浆，使得桥体异常坚固。

兴龙桥构造坚实，桥栏造型也多种多样，令人称赞。大桥两侧多种的石栏，錾纹细密，方正厚重，规制高于常规。栏柱上下开有卯眼，栏杆两头开出石榫，石榫分别插于石卯之内，首尾相接，形成长列。栏杆柱头雕刻有各种生动的造型、诗作和图案。柱头所刻造型有狮子、猴子、桃子、石榴、莲蓬、寿桃、石鼓、石瓶、石矛头、西洋钟之类，其中又以寿桃的占多数，村中俗称之为"和尚头"，据说原有 100 多个，但保存下来的仅 10 余个。值得一提的是，西洋钟表盘上所刻数字为罗马数字，极具时代特征，西风东渐对古老村庄的影响可见一斑。柱头所刻诗作，书法清秀、飘逸，令人过目不忘。图案有喜上梅梢、暗八仙、八卦图等，形态生动活泼。

时过境迁，桥栏虽毁，幸然仍有三两诗文联句在村中口耳相传，如联句："司马文章元亮酒，右军书法少陵诗"；"停步观鱼跃，举头望雁飞。"诗文："立看凫首跃看鱼，往来驴马并高车。此间定有问桥者，若个文章思相如。"在保存下来的两块柱石中也发现镌刻有诗文，其中一块刻："胡山一塔入云天，绣水东陵左右旋。驴背往来如画里，栏杆数毕到村前。"另一块刻："秋水文章冲碧霄，兴龙送客过山腰。三修功竣频回顾，一路吟情付画桥。"诗文中描写的内容不但具有诗情画意的意境，而且史料价值极高，十分珍贵。如诗中言说胡山顶上千佛塔高耸入云，而该现今却不复存在，该诗证明至少在民国十五年（1926）三修兴龙桥时，它耸立依然。

雍正五年（1727）二修兴龙桥时，明末举人张羽翀的儿子张邦符出力捐资最多，（《县志》作"孚"字）家谱上言他"独出资财，而成桥焉"，其义行被记录在了道光《章丘县志》一书中。200 年后，民国十五年（1926），三修兴龙桥时，适逢龙华张氏三兄弟张秉桓、张秉荣、张秉枢家道正盛之时，其间他们不仅出钱出力，还利用各自的商业影响力，从经商所在地邹县、滕县、峄县募集大量资金，带领龙华村上下完成了兴龙桥的修缮。完工之后，曾立碑记言其功德，现已不存。

1958 年修龙华水库之时，设计者为省工省料，将水渠架于桥上，南侧栏杆全部被毁。2000 年大桥改建，将桥面抬高，北侧栏杆也难逃厄运，所剩无几，闻后不禁令人叹惜。

4. 村落民俗生活与非遗传承

章丘铁匠，天下闻名。龙华古村更是名匠辈出，过去几乎家家都有铁匠，村北鸣羊山至今仍有开采铁矿的古代遗迹。铁器铸造一般需要一座用来煅烧铁坯的火炉，在火炉旁置有一个大的手拉风箱，主要用来控制火候。火炉所用的燃料有木炭和煤炭，且对木炭和煤炭的要求比较高，100 千克煤炭中大约只有 10 来千克

图 6.27　村中老人在织布机前织布（2023 年摄）

斤煤可以用来打铁，这种炭叫铁炭。铁匠用来打铁的工具有小铁锤、大铁锤、铁夹（用来夹烧热了的铁坯）、砧子（铁匠打铁的平台）等。一个铁匠一般会带一到两个学徒，学徒的主要工作是用一把大铁锤把烧熟了的铁毛坯打成所需的形状。

龙华匠人凭借烘炉一盘，走胶东，闯关东，凭手艺吃饭。至今村中修理农具的家庭烘炉从未熄火，技艺高超。

植棉纺线，牵线织布，龙华古村的纺织几百年来从未间断，现村中木质古织机仍有几十余架，机杼之声不断。手织粗布需经几十道工序，一丝一缕，数十天方成精美布匹。如今龙华手织老粗布已成为章丘地区馈赠亲朋好友最具特色的民俗礼品。

于家村：

章莱古道旁的百楼村

1. 地理环境与历史沿革

于家村位于济南市章丘区东部，隶属于普集街道办事处。西距古县城（今绣惠街道办）15 千米、新县治 10 千米。村域面积较为宽广，为 9 平方千米，耕地 1500 亩。村落周围地势较为平整，视野开阔，大面积种植粮食作物。于家村与龙华村、曹家村和李牌庄等村交界。于家村地肥水美，北倚鸣羊山，南望泰岱余脉胡山山峰；南有杏林水库，并有龙溪、红石两河从翼侧纵穿南北。村子不仅风景秀美，且交通便捷，济青、胶济铁路于村南横贯东西。

于家村原名齐家坞，相传是因齐姓修建的坞堡而得名，源于何代，无从稽考，但村西北相传有一始建于北魏的寺院遗址，50 年前尚有寺院石刻，上镌唐武后期重修寺院的文字，可知齐家坞初建村落的历史当在千年以上。

于家村始祖于德清是元末至正二十六年（1366）奉元朝廷之令，由河北枣强移来。于德清迁来前，齐家坞原有王、李二户，后王姓绝嗣，李氏他迁，村中只剩于氏一族，族人遂议改名，约在明成化年间改名曰"红石河"。后来不久，于氏族人以此名不能表明该村系于氏一族之村，继而改名于家村，一直至今。

明末清初，于家庄进入了鼎盛期，建起了 99 座楼，人称"百楼村"，其中三层楼为于家村独有。"百楼"大部分毁于战乱，一部分于 1958 年被拆除建了炼铁炉，现在保存基本完好的明清门楼建筑尚有七八处。与"百楼村"齐名的是"教育名村"，于家村在近 700 年的发展中诞生了无数志士先贤。据宗谱记载，至清末宣统三年（1911），于氏一族就出了庠生 36 人，增生 42 人，廪生 5 人，各类贡生 10 人，太学生 66 人，县令 2 人，进士 1 人，户部清吏司

图7.1 于家村位于普集街道北部，南有杏林水库，且周边河流众多。交通十分便利，不仅县道纵横，还有还有胶济铁路从村庄附近经过，与博平村、龙华村等传统村落紧邻

图 7.2　于家村全貌鸟瞰图（2017 年摄）

主事 1 人，及儒学训导、司吏等吏员若干人。1926 年，清末秀才于黄鑫建成了废除科举制度后章丘第一所新式学校——龙溪公学。后又增设了女子班，在全县历次会考中皆名列榜首。慕名而来的学生遍及普集和周边的乡镇。至日寇入侵，学校停办，10 多年间，共培养栋梁人才数百名。自此龙溪公学与于黄鑫蜚声遐迩。

　　于家村一直受普集街道管辖，村内现有居民 421 户，户籍人口 1262 人，常住人口 1130 人。村内的产业主要为种植业与养殖业。村集体年收入 20000 元，村民年平均收入 10000 元。村民主要种植玉米、小麦等粮食作物。

2. 村落空间格局

　　于家村坐落于章丘长白山脉附近的丘陵地带，村庄四周皆为农田，村内有河流自东北向西南蜿蜒流经。于家村整个村落呈规则的棋盘状，传统建筑多分布在主要道路的两侧，大部分建筑都经过一定的翻修，屋顶多已被换成红瓦屋顶，部分土坯房保存得相对较为完好，但多为空置房屋。

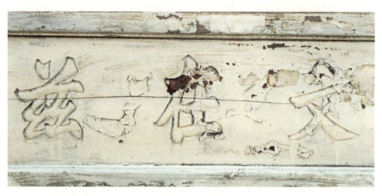

图 7.3　原女子学校的"文在兹"匾额，楷体书写（2017 年摄）

　　村内的西后街和西后前街两侧的历史建筑排布得最为密集。这两条街路面宽约 6 米，现用水泥铺设。其他道路均与之相连，巷道宽窄不一，部分路面平铺了石子，大部分道路铺设了水泥路面，少部分道路为土路和石板路。

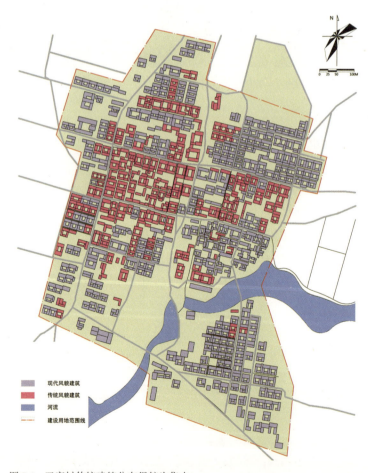

图 7.4　于家村传统建筑分布得较为集中

图 7.5　石板铺就的巷道（2017 年摄）

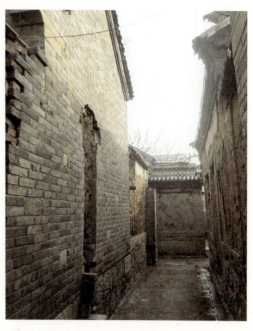

图 7.6　村中小巷，看似已到尽头，却柳暗花明，别有洞天（2017 年摄）

3. 村落典型历史建筑

　　于家村传统民居院落大多坐北朝南，为三合院或四合院格局。村内的传统民居为单门独院，均没有倒座，大门位于院落东南方，一般有正房 3 间，两侧有厢房，均为土坯结构，屋门为格子门，木棂窗。村内传统民居于明清时期建造，单体建筑多采用砖石结构和土坯结构，方石砌墙基，青砖垒墙，墙体厚约 50 厘米，内层为土坯，外层用石灰和青砖砌成。墙体上部均为抬梁式木结构，硬山屋顶，透风屋脊，仰瓦屋面，山墙面、屋檐墀头上均饰有砖雕。大门临街而建，门柱、门扇、枋子皆为实木。

　　于家村建筑的装饰主要集中在影壁、屋檐、屋脊、山尖、门楼等处。正脊是由小花瓦正反相叠拼成的铜钱样式，也叫做"砂锅套"造型。正脊两端高高翘起，是精致雕刻的翘首螭吻，十分别致。有的现存门楼檐下还保留着做工精致的挂落和雀替，虽有残损，但从遗留的木雕纹样上仍能看到当时工匠技艺的精湛。

　　石雕和砖雕是于家村传统建筑最为精美的装饰，风格简朴自然。石雕多采用浅浮雕的手法，题材内容多样，如宝葫芦石雕、铜钱石雕，还有道家的太极八卦石雕等。砖雕则以代表吉祥的植物和动物为主。

　　于家村现存较好的传统建筑类型主要有传统民居和祠堂建筑等。

图 7.7 村中大街两侧分布着传统建筑（2017 年摄）

祠堂建筑的代表为于氏祠堂，始建于康熙末年，系十二世于振宗中进士、升户部清吏司主事后，由其四叔于德恒负责组织实施，阖族筹资修建而成的，祠堂是二进院落，北屋系正房，西厢房为辅用。清光绪九年（1883）曾对正房重修一次，宣统三年（1911）又新建议事厅3间，祠堂大门前台阶5步，门额高悬"于氏宗祠"鎏金四字匾额。门楼庄严肃穆，气势恢宏。于家祠堂门楼下部为方石基础，方石上为青石砌造。门楼上部为拱形，共二券二伏，伏砖上还有简约的砖雕装饰。可惜门楼已改建他用，正房失修坍塌，现存只剩西厢房和议事厅及两次重修碑记。

进士宅，是十二世于振宗在考取进士、荣任钦差大臣后建造的宅院。院落坐北朝南，大门有5步台阶，进门后有一座影壁，北屋为正房，建筑格局3明2暗，通脊出厦，门前3级石阶。东、西厢房和正房一样，皆通脊出厦，檐厦由四柱支撑，大门及各室皆有螭砖兽瓦（民间也称哈巴狗子张嘴兽）装饰。整个建筑和谐大气，但由于于振宗为官清廉，建筑除按品级规格建造外，用料也并不奢华，多系砖土结构。

进士宅前厦廊柱用整根圆木制成，廊柱的挂罩镂空雕刻，上饰回纹，简约清新。

图7.8　进士宅墀头上的砖雕、石雕虽已被风化，但仍可见其工艺的精湛（2017年摄）

图7.9　劬经园门楼上的砖雕细腻、自然（2017年摄）

图 7.10　于氏祠堂门楼，其拱券为二券二伏的建造形式（2017 年摄）

　　大门上的墀头雕刻拙朴自然，上部雕刻有"寿"字纹，"寿"字纹与卷草纹共同组成一组图案。"寿"字纹是象征延年益寿、长命百岁的纹饰，寓意"福寿绵长，寿与天齐，有福有寿，福寿安康"。中部炉口图案以花鸟为题材进行雕刻，梅花枝干挺拔、苍劲，枝叶间生出朵朵梅花，引来鸟兽在花叶间嬉戏，描绘了一幅生动自然的花鸟图。花鸟组合贴近自然，体现着广大劳动人民

图 7.11　清光绪九年（1883）重修祠堂碑刻（2017 年摄）

图 7.12　清宣统三年（1911）重修宗祠正室记（2017 年摄）

图 7.13 进士宅大门质朴、大方（2017 年摄）

图 7.14 进士宅大门内侧（2017 年摄）

图 7.15 进士宅前廊出厦（2017 年摄）

将自然事物提炼为装饰图案素材的智慧。

　　耡经园系于氏十一世于钦锡、于加锡、于士锡修建而成的。于钦锡、于加锡在明末清初时在西南行医，经营药材，由于注重诚信，故生意兴隆，所获巨资红利用于让三弟士锡在家修建耡经园。耡经院是四合院结构，建筑设计古朴典雅，具有极强的时代感。院落大门砖石结构，两侧墀头有精美的砖雕图案，浅浮雕技艺高超。耡经园匾额上所书三个大字经历时光的磨洗已然斑驳，却依然沉稳大气。匾额前的挂罩上有三块镂空木雕，居中的一块整体呈方形，图案彼此相连，构成一幅图画；左右两侧的木雕是相同的"寿"字纹、卷草纹图案。耡经园内还保留着一座二层楼房，建筑质量较高，砖石结构，由青石砌筑而成，又左右对称地用黄石进行装饰。小青瓦硬山屋顶，垂脊为瓦片仰合而成的透风脊。山墙处有一个圆形开窗，并有木质格子窗扇。楼房正面有一

图 7.16　耡经园门楼匾额上三个大字经历时光的磨洗已然斑驳，却依然十分沉稳大气（2017 年摄）

图 7.17　耡经园大门全貌（2017 年摄）

扇拱形窗户。

百楼皆为砖石结构，青石房基，青砖墙体，墙体上还有对称的黄石装饰。高两层，木抬梁，硬山小青瓦屋顶。屋内二层阁楼的地板为木地板，并留有一个方形的开口，一层有一架木梯与开口相连，通向二层。百楼正面有一扇拱形大门和四扇开窗，一层有两扇方形石窗，二层有两扇拱形石窗，窗户为双开扇木窗门。大门前有 5 级入户石台阶。

图 7.18　锄经园一楼石仿木棂窗雕工细腻，线条干净，棱角分明，实为精品（2017 年摄）

图 7.19　锄经园内的二层小楼，山墙上有圆形开窗，精细打磨的砌石被规律砌筑在墙体中，既坚固又美观（2017 年摄）

图 7.20　糊经园内的二层小楼，大门和二层窗户上部为拱形，一层为两扇石仿木棂窗（2017 年摄）

　　永和堂大院的主人，是明末清初当地最具实力的富商，康乾时期永和堂堂主于舜均。他江南地区经商，由于知人善任，善于把握商机，故生意十分兴隆，鼎盛时期有八进院落豪宅一处、马园子两处、耕地百亩。当年雄踞普集地区的三层高楼，即为本堂号所有。现在的永和堂已分别由多户人家居住，很多建筑已被改造，少部分保留着原来的样式。从永和堂外部巷道看，永和堂建筑主要为砖石土坯混合结构，墙体为土坯墙，青石基，房屋四角处用青砖垒砌。

于国良院的建筑又名"明月楼"，为村内的"百楼"之一，实非楼，因建在高崖之沿，外观似楼，又视野开阔，濒临龙溪河畔，每当皓月临空，月光透过圆窗射进室内，致满室银光流泻，故取"近水楼台先得月"之典，曰"明月楼"。由于所处地势较低，故房屋地基高于周围其他建筑，房基用青石打造，共有九层。房屋为硬山小青瓦屋顶，两侧垂脊用青瓦叠筑简洁造型。墙体为土坯、渣灰砖和青砖混合结构，墙体内层为土坯，外层用渣灰砖包面，四角处用青砖砌筑。后侧和侧面山墙各设有一个圆形开窗，其中侧面山墙开窗已有损毁。山墙顶部有铜钱纹样造型。

于开邦为于家村的百岁老人，其院落门楼高大简洁，砖石结构，小青瓦硬山顶。门楼下有木雕垂花挂罩，木雕图案精致。额上方有一块黑底黄字的大匾额，书写着"寿登期颐"四个字，是于开邦百岁寿辰时，村民自发捐赠的祝寿牌匾。门楼两侧墀头有雕工精湛的动物花卉图案，浅浮雕雕刻手法，图案线条细腻，形体饱满，逼真动人。

于全忍院为二合院，只有正房和东厢房。正房为三开间，两侧各有两开间的耳房，东厢房七开间，最北侧两间有红瓦屋顶，其余五间已被改为平房。房屋为砖石土坯混合结构，三角架式木梁结构，青石基，土坯墙体，门窗和房屋四角处镶青砖，房基部分现在已用水泥抹面。北屋和两侧耳房屋顶全换成了机制红瓦顶，屋门仍为老式的双开扇木门。院落门楼建造质量较好，高大气派，

图 7.21　于开邦院门楼木质雕花挂落，以中国传统的萱草纹、回形纹为主，黑底黄字的匾额上书"寿登期颐"，是村民为贺于开邦老人百岁所赠（2017 年摄）

砖石结构，两侧墀头处有精美的牡丹花卉砖雕图案。

　　于仁树院房屋已经被废弃，无人居住。院落内现有一座二层古楼和东西厢房，古楼为砖石结构，上下两层，青石基，正面楼体上下各有两扇开窗，上层两扇为拱形开窗，窗门为双开扇木窗；下层两扇为石质方形式，石过梁，窗门为石质棱条格式。古楼屋门为单开扇长方形式，古楼楼顶两侧垂脊端尾翘起，为古楼增添了气势上扬之感。在古楼衬托下，两旁的厢房显得低矮微小。厢房为砖石土坯混合结构，墙体为土坯，石房基，门窗处和房屋四

图 7.22　于仁树院的二层小楼，砖石结构，二层为木制拱窗，一层为石仿木棂窗（2017 年摄）

角镶青砖，木质门窗，大红瓦硬山房顶。

提水渡槽位于家村北。1975 年中共中央召开了第二次全国农业学大寨会议，根据会议精神，结合村庄实际，于家村广大村民奋发图强，不等不靠，自力更生，于1970年建起了这座提水渡槽。提水渡槽呈西端高东端低趋势，全长 106 米，上为水道，下为连续拱券，其支撑结构由墩台（槽墩和槽台）、主拱券及拱上结构三个部分组成。提水渡槽是当时村内重要的水利灌溉设施，修建后增加了 200 亩水田面积，极大地改变了靠天吃饭的现状。随着社会的发展与变迁，该渡槽完成了它的历史使命，现已是济南市第四批文物保护工程。

4. 村落民俗生活与非遗传承

于家村自古民风淳朴，从建村以来，男子多务农桑，勤劳耕作，崇尚学业。在生产节俗方面，民众较为注重立春习俗，在立春日要迎土牛、剪春幡、煎生菜、食春饼等；社日（立春、立秋后的第五个戊日为社日），村民有祀先农、调社饭、祭祀土地神之习俗。这些生产生活节俗都是民众对年景顺利、五谷丰收、家运祥和的美好期盼。随着时代变迁，移风易俗，现在的于家村生产和生活习俗已经发生了显著变化，婚姻、丧葬之礼都已简化，男女之间提倡自由恋爱，丧礼也从简。现代化生产工具的使用，使过去的立春、社日等节俗也逐渐消失，但立春后，人们为了吃个新鲜，仍会挖野菜煎食。在生产劳作之外，于家村生活娱乐活动主要有于家锣鼓、扇子舞等。

于家锣鼓历史悠久，传承时间已有上百年。每年正月，上至花甲之人，下至几岁儿童，均积极参与活动。于家锣鼓的传承历经坎坷，20 世纪六七十年代曾传承断代，后历经村内老人努力，现在的于家锣鼓已经恢复了往日的风貌。于家锣鼓传承已上百年，十二世于振宗任钦差大臣、前往陕西巡视粮场时，被五朝古都的鼓乐魅力所倾倒，故亲自整理了一份鼓谱带回。鼓谱既铿锵激昂，又婉转悦耳，备受周边乡亲的青睐与羡慕，因此，庄规明确诫示：此鼓谱绝不外传，故为于家村独享。民间流传的关于于家锣鼓的诗句：

于家锣鼓

龙溪鼓乐源流长，盛世康乾溯秦乡。

铿锵婉转名伶醉，万户喜典贺雅堂。

　　轰轰雷鸣潺潺水，天籁之声源于此。

　　巾帼擂鼓鼓更响，乐坏瑶池王母娘。

　　1988 年原国民党空军师级飞行教官、于家村族人于承绅将萦绕心胸 40 年的鼓乐带回台湾，并成功演奏，无数章丘去台人员听到乡音后热泪横流，一支家乡鼓乐让在外游子融入祈盼和平、翘望统一的大潮流中。

　　于氏家谱。在国为史，在家为谱，家谱是每个家族传承的命脉和不可或缺的档案资料。于家庄"于氏宗谱"自清万历年间由八世三汲祖创谱至今已有 500 多年，该谱修订较为严谨，资料详实，是章丘区少有的完整的宗谱之一。后又经康熙五十四年（1715）、乾隆三年（1738）、乾隆三十七年（1772）、咸丰三年（1853）、光绪九年（1883）、民国元年（1912）、公元 2010 年 7 次续修。

图 7.23　于家锣鼓演奏现场，鼓声慷慨激昂（2017 年摄）

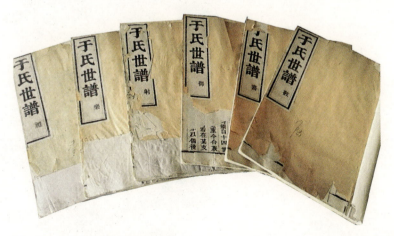

图 7.24　《于氏世谱》（2017 年摄）

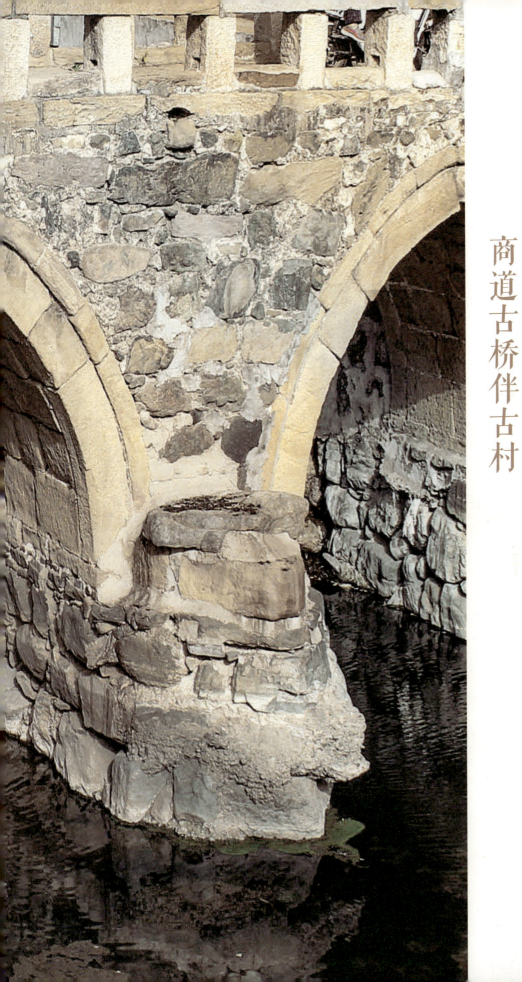

捌

万山村：
商道古桥伴古村

1. 地理环境与历史沿革

普集街道万山村位于长白山脉之玉泉山下，西距省会济南市60 千米，是个居住了 1500 多人的山村，面积 500 余亩。源于摩诃峰的金水河犹如一条玉带从村中九曲穿过，孕育着这一片碧水悠悠、群山环抱、钟灵毓秀之地。

《章丘地名志》记载："据考，杨姓为该村最早住户，原选址村北小山，后杨姓在此失子（被狼吃掉），命山名为杨落子山，后迁现址。因地处群山之中，故定村名万山。自古相传，该村原名三山峪，而三山峪却名万山。因该村东面是珠窝，西面是相公街道十九郎村，村名犯忌。邻村协商，万山与三山峪换名，用万山挡住'狼（十九郎）入猪（珠）窝'。"

由此可见，先人们对村名非常讲究。后来有张家、施家、李家、万家相继从山西洪洞县、河北枣强县迁至本村，组成现在的万山村。

村内现有 530 户人家，总人口有 1500 余人，常住人口 1450 人。李姓为村内大姓，占村庄总人口的 70%。年轻人大都出去打工，其中约 50% 的年轻人以打铁为生。

图 8.1　万山村在道光十三年（1833）《章丘县志·今治图考》中的位置

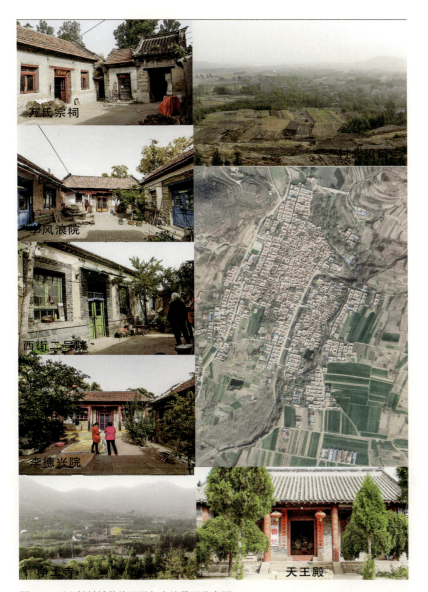

图 8.2　万山村村域传统民居与自然景观分布图

2. 村落空间格局

　　万山村整体南北长、东西短，地势北高南低、西高东低。村中有两条南北向的主干道与外界相连，一条主干道是位于村子最西侧的长安大街，南北贯通，另一条主干道是沿金水河修建的西顺河街，位于村子偏东部，也是村内通向外界的主要道路之一。村庄东西向次干道有玉景街、前街、中街、后街、南胡同、文化路，南北向次干道有东街、西街、顺河东街、河东南街。主次干道相互连接，数十条小巷交错穿插其间，通向各家各户，构成了村庄整个交通网络。

　　由北向南流的金水河蜿蜒曲折地穿村而过。这是条季节河，春秋两季遇天旱时会断流，夏伏时节河水暴涨，会漫过河岸。重阳时节，摩诃峰上的红枫染红山岗，红叶随秋风散落于河道，随水漂流，在阳光照射下一河金色，故河名"金水河"。河上有两座桥，南边是寿山桥，北边为济锦桥。本世纪初，村民们又在两桥中间加修了一座石桥，名为诚济桥。

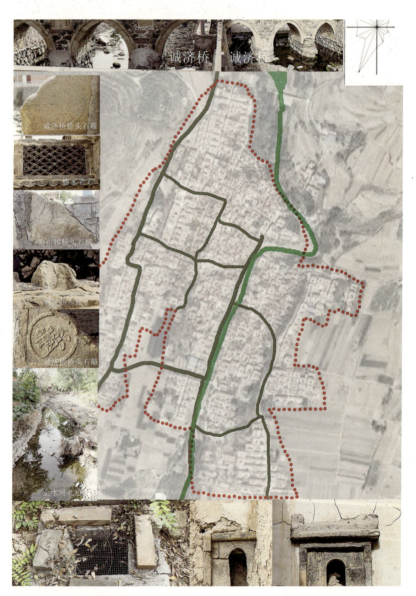

图 8.3　万山村历史环境要素分布图

图 8.4　精美的卡门石（2019 年摄）

图 8.5　廊檐下的雕花雀替（2019 年摄）

图 8.6　整石雕刻的拴马石（2019 年摄）

图 8.7　济锦桥上的排水溜子（2019 年摄）

3. 村落典型历史建筑

　　村内传统民居主要集中于中北部，沿长安大街分布，特别是在与之交会的西街、中街等区域，大部分建于明清和民国时期，典型建筑有施家老宅、李家大院、万氏宗祠等。其建筑风格受当地建筑材料的影响，多采用土石砖木结构，主要取金水河里的河石砌建房基，用土坯砖建房屋墙体，砖材大多用于房屋四角墙体承重，木材多用在桁架和檩条上，是屋顶的承重材料。传统的屋顶普遍采用茅草铺面，但容易腐烂变质，自 20 世纪七八十年代之后，开始采用机制红瓦顶。村内遗存的富家大户的房屋建造质量普遍较好，大门高大，较多采用精美的石雕或砖雕图案加以装饰。

李家大院坐落于中街中段。据屋主介绍，该院落建于清代乾隆年间，家族靠经商发家，建了这处四梁八柱、前庭后院式四合院，十分讲究；院落大门前有 3 级台阶，两侧有上马石，沿街山墙上有 3 个雕刻精致的拴马石。走进前庭，通门前石榴树如卫士般挺立。穿过垂花门进入正院，正房为 3 间，两侧有耳房，前出厦结构，圆鼓形状的础石托木柱支撑着全厦；厅内正中是屏风，屏风后有门；地面用大青砖铺成，屋顶重梁挂柱，上铺木椽，木椽上铺耐火方砖；原为小青瓦封顶，现已改成红瓦屋顶；屋脊上用青瓦和青砖组合成精美图案，四个梢头高挑，蔚为壮观；两侧

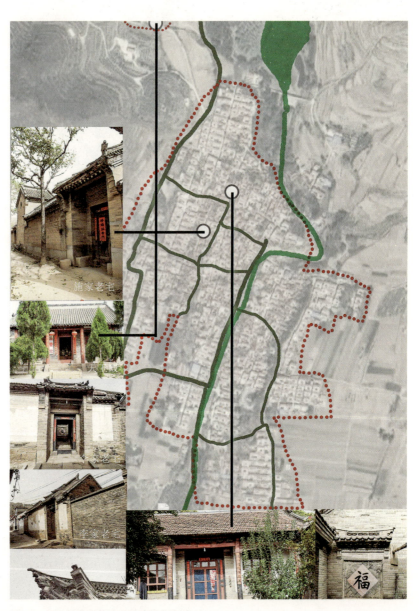

图 8.8　万山村典型传统民居建筑分布图

图 8.9　土坯墙体年久易被风化，有条件的人家会用石灰坯进行包面加固（2019 年摄）

墀头是极为精致的"瑞鹿"和"凤凰"砖雕图案；后来家族分家，形成了现在的 3 个独立院落，各院的大门两侧墀头上都写着"忠厚传家"字样，据李家后人说，这是家族族训，教导后代"忠厚为本，不欺不诈，诚实守信"。

图 8.10　河滩石垒砌房基，土坯砌筑墙体是万山村民居建筑特色（2019 年摄）

图 8.11　西街一号施家老宅院落颇为气派（2019 年摄）

图 8.12　李家大院门楼建造精良，墀头两侧有"忠厚　图 8.13　李家大院院落大门普遍建得高大气派（2019 年摄）
传家"家训（2019 年摄）

　　施家老宅坐落于西街，建于光绪年间，屋宇式大门，砖石结构，基底用青石，青砖建筑墙体，门枕、腰枕、悬枕全为青石精雕细刻而成；门高 2.7 米，宽 1.7 米．与大门相对处为借山影壁，壁身有青砖组成的菱形图案；院内正房三开间，东西厢房各三间，南屋倒座为廊檐式建筑；西北角有二层小楼一栋，与正房相连，二楼南墙有拱形砖碹开窗，西面山墙有圆形砖碹开窗，站在小楼之上开窗远望，万山全景一览无余；小楼与西厢房之间有低矮围墙相连，围墙上端又建有 30 厘米高的响墙，青瓦叠砌的铜钱式图案的响墙，是传统民居建筑智慧的精妙体现，精致的造型既对院落起到了装饰作用，又有防盗的警报作用；小楼沿街山墙上砌有 3 个雕刻精美的石质拴马桩，见证了当年施家人来人往、繁荣富足的生活。

　　万家药铺坐落于长安大街百年老巷之中，门楼为土石结构，两侧墙体用石灰坯对土坯砖进行了包面加固。大门别具一格，为民国时期的建筑，门匾刻有"幽风乐"三个大字，大门开口宽阔，出入方便，可通马车。

图 8.14 建于清乾隆年间的李家大院为二进制院落，内院空间布局较为开阔（2019 年摄）

图 8.15 施家老宅院内有二层绣楼，山墙上方设圆形开窗（2019 年摄）

图 8.16 施家老宅门楼墀头雕刻（2019 年摄）

图 8.17　万家药铺门匾书写"幽风乐"三字（2019 年摄）

　　万氏祠堂坐落于西顺河街北端，北屋三间，两侧各建有一间
耳房，耳房低于正房；房屋外墙房基均采用河滩石垒筑，灰沙填
墅，院内正面墙基则用大块条石作基；各屋四角青砖到顶以加固

图 8.18　万氏宗祠全景，正房高大两侧各建有一间耳房（2019 年摄）

图 8.19　万氏宗祠门楼上挂有红底金字牌匾（2019 年摄）

图 8.20　万氏宗祠照壁上镶嵌着"万氏支派谱系"，字迹已模糊不可辨（2019 年摄）

墙体，墙面用石灰坯包面；两侧山墙高出屋面，垂脊与正脊交接处作弧形处理，增强了屋顶的柔和感；祠堂大门为砖石结构，翘脊硬山顶，青瓦覆面，石基、腰枕和悬枕用料讲究，均采用大块规整的方石和条石，甚是气派；大门上方镶嵌"万氏宗祠"匾额，祠堂正房挂有匾额，上书"盛和堂"三个金字，字体庄重浑厚；祠堂内万氏始祖画像悬挂于中央，《祖训》《治家格言》《族谱》悬挂两侧，万氏家族的细致与严谨可见一斑；祠堂内南墙镶嵌有

图 8.21　院墙上部用灰瓦叠砌成铜钱图案的响墙，一可用于装饰，二可用于防盗，是万山村民居建筑智慧的精妙体现（2019 年摄）

图 8.22　建于明嘉靖五年的净土寺，如今只遗留有天王殿（南大殿）一处原始建筑，并历经修缮（2019 年摄）

石碑一方，记载着万氏家族的族谱支系；院内西侧有《新修族谱碑记》一通，记载着祠堂修建的缘起、过程和捐资人名单。

村里年代最早的传统建筑是坐落于村西北隅、玉泉山东的净土寺。该寺始建于明朝嘉靖五年（1526），由三部分组成，中间是主院，大雄宝殿位于院内正中，东西有厢房；前有南大殿，置前门和后门，并与净土寺的正门直通；除主院外，净土寺还有东西跨院；东院为僧侣居舍，北屋三间，东屋五间；西院为长工、牛倌、羊倌居所，北屋三间，西屋三间；另外，还有寺僧习武练功的旗功场；院内古树参天，碑刻林立，气势恢宏，蔚为壮观，远近闻名。

新中国成立初期，净土寺庙宇基本保存完好，20 世纪六七十年代，寺庙大部分建筑被毁，只留有南大殿一座，香火也渐趋不旺，仅有本村少数村民于逢年过节时到寺内烧香祈祷一下。2014年后重修净土寺，又按风水调整布局，在东西方向重建大雄宝殿，寺内香火也慢慢兴旺，方圆五十里的民众在一年中的重要祭祀节日都会到寺里烧香祈福。

除典型传统民居和寺庙建筑外，万山村还有两座历史悠久的桥梁，分别是济锦桥和寿山桥。

济锦桥始建于清代，为三孔拱形，桥长 25 米，宽 3.5 米，桥

图 8.23　沿街的传统民居由河滩石、土坯砖和石灰坯砌筑而成，年久失修，土坯墙体已现斑驳（2019 年摄）

面用方石块砌成，两侧有护桥石栏杆，桥身两端南北侧各砌筑一个三角形石块，形成"八"字形桥头，分别雕有菊花、荷花、梅花、牡丹等图案，做工精巧细致。为防桥面积水，两侧各置有两个外伸的石排水溜子。济锦桥将金水河两岸紧紧连接在一起，方便了村民的通行和交往。

寿山桥建于明朝嘉靖五年（1526），为五孔不对称式石拱桥，全部用石块砌成，桥孔用砂石垒砌；桥拱上分别刻有 5 个形态各异的怪兽头像，虎虎生威，栩栩如生；桥立面嵌有阳刻的"金水

图 8.24　济锦桥上的石雕图案典雅精致（2019 年摄）

图 8.25   寿山桥过去是通往邹平的主要商道，也是北部山区民众出行必经通道（2019 年摄）

河"和"寿山桥"字样。它曾是通往邹平的主要商道，也是过去普集北部山区的人们出行、经商、外出谋生的必经之路，促进了邹平和章丘两地的经济发展。2013 年，寿山桥被评为"章丘市第三批文物保护单位"。

图 8.26   由北向南流向的金水河，是村中的古河道，曲折蜿蜒沿村而过（2019 年摄）

图 8.27　河滩石砌筑的山墙（2019 年摄）

4. 村落民俗与非遗传承

　　万山村因地处山区，自古以来用水不便，为解决吃水问题，家家户户都在院内自打一口水井。由于每家院落所处地势高低和水源深浅的不同，水井的深度也各有差异，有的只有七八米深，有的则达二十七八米深。水井内壁一般用河石从底部向顶端垒筑成圆形，灰砂抹面，使井壁光滑结实。过去每个井口上都装有辘轳，后来随着生活条件的不断改善，辘轳改成了电水泵，电闸一开，即可自动取水，极大方便了村民生活。有着上百年历史的水井，用长白山脉的水源养育着祖祖辈辈的万山人。

　　过去村民生活贫苦，闲暇时节就自寻其乐，热衷于一种独特的地方戏——"老迷戏"。据村民介绍，这种地方戏是结合吕剧、京剧等曲种改编而成的一种具有当地生活色彩的唱腔。"老迷戏"也有生、旦、净、末、丑等角色，还有一应俱全的二胡、锣、鼓等组成的鼓乐班子以及戏服和舞台；20 世纪 40 年代中后期是村里"老迷戏"发展的鼎盛时期，那时有固定的戏班成员二三十人，吹拉弹唱，角色分工明确；每到过年，村内会组织起百十人的队伍，在村头空地上用木头搭起戏台，铺上木板、地毯，各路角色在一片锣鼓喧天中粉墨登场，表演的《白蛇传》《卖油郎》等传

图 8.28　万山村沿街街巷图（高栋亮绘）

统曲目很受村民欢迎，周围十里八乡的村民也都会赶来看戏，场面十分热闹；到了 20 世纪 50 年代中期，由于种种因素戏班解散。自那以后，村里再也没有组织起大规模的表演，"老迷戏"也慢慢淡出了村民的生活。如今戏班成员中只剩下一位在世，也已 77 岁高龄。

除"老迷戏"之外，村内传承较好、保存至今的传统习俗就是"扮玩"了，也已有上百年历史。每逢年节，村里无论大人小孩，都会参与其中，成为村民们不可或缺的一项民俗娱乐活动。目前万山村的民俗扮玩队伍共有 6 支，以所在街区命名，分别是前街队、后街队、中街队、河西队、河东队和西北角队。每支队伍都由二三十人组成，并有专门的组织者以及各种演出服装、道具等；每年过了正月初一，各支扮玩队伍就着手准备表演，并会一直持续到元宵节。扮玩时，各队伍主要在村里走街串巷、互不干涉、独立表演，但有时也会协商串起来一起表演，当 6 支队伍串联时可长达百余米，大家跟着鼓点扭秧歌、抬花轿、扮演大头娃娃等，甚是壮观热闹。

图 8.29　万山村内的石碾仍在使用（2019 年摄）

章丘铁匠，天下闻名，万山村更是铁匠之乡。过去村里 50%以上的人家都靠打铁谋生，世代传承，有"一人生火，全家打铁，祖辈相传，子孙续接"之说。现在很多村民依然在章丘一些工厂

做铁匠。过去村民主要打散铁，大都是妇女在家操持家务，父子
二人外出打铁，一辆推车，一把风箱，几件衣物、被褥和几样锅
具，便是铁匠的全部家当。他们的足迹遍布济南、阳谷、河北、
天津、东三省等地，一走便是一年，甚至十几年。到了 20 世纪
50 年代公私合营时，在外打散铁的万山铁匠们大多进了厂子，成
了工人，拿上了工资，有的就定居他乡，直到退休才返乡；有的
则只干了四五年，挣了些钱，便回家盖房娶妻。打铁人干的是苦
力活，挣的是卖命钱，加之村庄地处穷山僻壤，很少有姑娘愿意
嫁进山村，嫁给铁匠；山下的姑娘嫁进山村，便成了什么都不会
干的"银环"，84 岁的郑桂芳大娘便是当年由山下嫁进来的"银
环"之一。郑桂芳夫家祖辈世代打铁，传至她儿子这一代也依然
在章丘厂子里当铁匠。

　　万山铁匠凭借烘炉一盘，走胶东，闯关东，全凭手艺吃饭，
他们是村庄历史的最好见证。协商互助的淳朴民风，一直被村民
们世代传承。

图 8.30　万山村历来是有名的"铁匠村"，至今村内有不少的村民
仍从事铁匠行业（2019 年摄）

叶亭山村：
千年古寺伴古村

1. 地理环境与历史沿革

　　叶亭山村位于济南市章丘区曹范街道北 4 千米处，东临潘王路，北靠 309 国道。整个村庄占地面积 150 亩，耕地面积 1080 亩，属于山区中地势相对平坦的一个村庄。全村户籍人口 193 户，667 人。南北朝时期，北方进入战乱割据状态。为安置流民，南北政权均设置了大量侨置郡县。刘宋孝武帝元嘉五年（428），割平陵县南部地区侨置顿丘郡，统辖顿丘、卫国、肥阳和阴安 4 县，卫国县即亭山县的前身，隋开皇六年（586）改卫国县为亭山县。此为亭山县之始。唐元和十五年（820），唐王朝"废齐州丰齐县入长清，废全节县入历城，废亭山县入章丘县（《旧唐书·宪宗本纪》)"。从隋开皇六年（586）改卫国县为亭山县，到元和十五年（820）废亭山县入章丘，亭山县共存续了 234 年。根据《元和郡县志》之"县东南有亭山，因以为名"的记载，亭山县治在今叶亭山村。

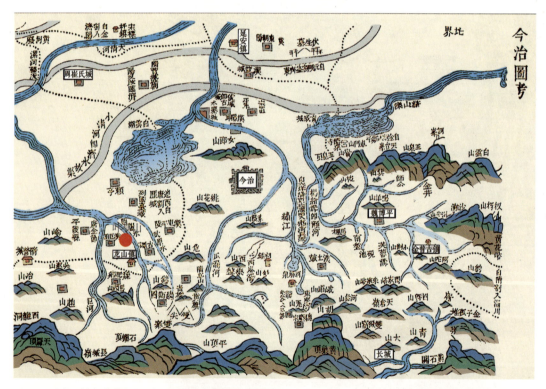

图 9.1　叶亭山村在清道光十三年（1833）《章丘县志·疆域图·今治图考》中的位置（此图据原图着色）

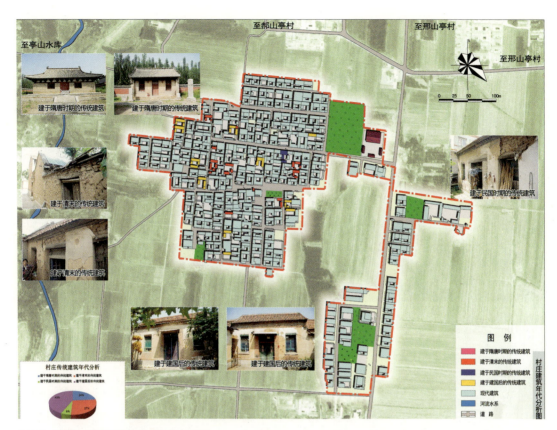

图 9.2　叶亭山村传统建筑建成年代分析图

2.村落空间格局

　　村庄西侧黄旗山横贯西部，支脉向东西延伸，构成山丘地带。西北部有亭山水库。村庄环境整体上呈山环水抱之势，三面农田环绕，土地富饶。叶亭山村在此建村以来，不断发展壮大，根据不同时期的发展建设，并结合现状保存情况，总体上可分为四大片区，即清代建设的村庄西部区域；清末和民国时期建设的村庄西南部区域；1949 年后到 20 世纪 80 年代之前建设的村庄东部区域——这一时期所建民居虽仍沿用了传统民居建筑模式，但街巷格局及建筑布局有所改变，出现了较为规整的联排住宅，与以往村落民居分散布局特征有所不同；20 世纪 80 年代后建设的村庄东北部和村南的部分区域所组成的新区。村落的 4 个片区的空间格局相对规整，其中清代和民国时期建设的区域，也就是现今村落中部的区域，建筑风貌及街巷大都保留了原有的建筑形式和风貌格局。

图 9.3 叶亭山四周为平原，水利条件好，物产丰富

3. 村落典型历史建筑

叶亭山村现存传统民居建筑有 20 多处，均分布在村庄中心，且集中连片分布，总建筑面积 1500 平方米左右。因 20 世纪五六十年代叶亭山村经济相对落后，村民无力购买砖瓦建房，只能就地取材，采用较为丰富的土资源来建造房屋。因此，在改革开放前，土坯房是叶亭山村最流行的民居建筑。

叶亭山村现存民居整体建筑质量不高，大部分土坯房多用砖石墙基，在 4 个墙角砌砖垛，房屋的腰线以下用砖砌，中间部分为土坯，土坯垒到檐下，墙面多为石灰坯包面。但村中也不乏建筑质量稍高的门楼，所用青砖相对较多。

图 9.4 叶亭山村典型的土坯房民居建筑（2022 年摄）

图 9.5 土坯砖的外侧以麦秸泥和大白涂抹（2022 年摄）

　　土坯房建筑的建造费用相对较少，土坯墙体主要用草泥浆作为黏合材料，采用分层黏合、上下错缝搭接的垒砌方式。为避免出现上下竖向同缝的现象，墙角处通常会砌筑七分坯或半坯。土坯墙的组砌排列方式多种多样，墙体厚度根据垒砌砖的形式来控制，不同功能房间的墙体厚度略有不同。根据实际测量，土坯墙厚度通常在 40 到 60 厘米之间，常采用一顺一丁和三顺一丁两种排列方式。此外，为了保证墙体及建筑的稳定性，土坯民居外墙面常使用黄泥抹面，形成墙皮，用以保护土坯砖，但是墙面容易脱落，每隔两到三年需重新抹面。

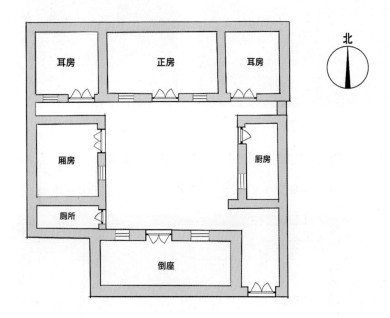

图 9.6　叶家老宅平面示意图（徐敏慧绘）

　　叶亭山村传统民居院落以四合院的形式为主，院落主要由正房、耳房、东西厢房、倒座房、影壁和院墙围合而成，且东厢房多被作为厨房使用，倒座房被作为储藏空间使用。厕所在合院西南位置，单独设置。院门通常开在东南位置，院门正对的位置单独设有影壁，用于遮挡视线。屋顶起脊，为硬山顶样式。梁架之上架檩和椽子，上面是两层苇箔夹一层秫秸。

　　除了传统的四合院，叶亭山村还有一正两厢的三合院。大门的位置视情况而定：街巷东西走向时，大门设置在院落东南；南北走向时，大门设置在东厢房或西厢房的南侧。入门之后便是用土坯砖砌筑的影壁。正房通常 3 到 5 间，分别是客厅、卧室。厢房一般 2 到 3 间，东厢房作厨房和柴房，西厢房是卧室，家庭人口较少时便作为杂物间或牛马棚。

图 9.7 叶亭山村土坯砖影壁（2022 年摄）　　图 9.8 叶亭山村土坯砖墙面（2022 年摄）

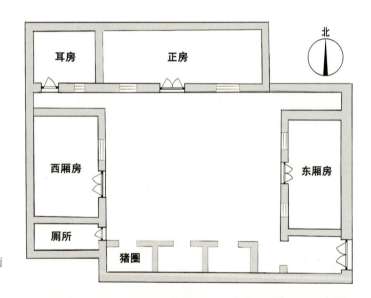

图 9.9 王家老宅平面
示意图（徐敏慧绘）

图 9.10 土坯砖"十
字缝"的垒砌方式
（2022 年摄）

图 9.11 土坯房细节
图（2022 年摄）

图 9.12　兴国寺鸟瞰图（2022 年摄）

　　叶亭山村还遗留有一座隋唐时期的千年古刹兴国寺。兴国寺坐北朝南，处于地势较高而平坦的地面之上。现存建筑自南而北依次为天王殿、东西耳门、东西配殿、大殿。院落东西 36 米，南北 46 米，总面积 1656 平方米。

图 9.13　20 世纪 90 年代初的兴国寺大殿除殿顶长有浓密的野草外，建筑整体仍保护较好（1995 年摄）

图 9.14　兴国寺大殿手绘（1995 年姜波绘）

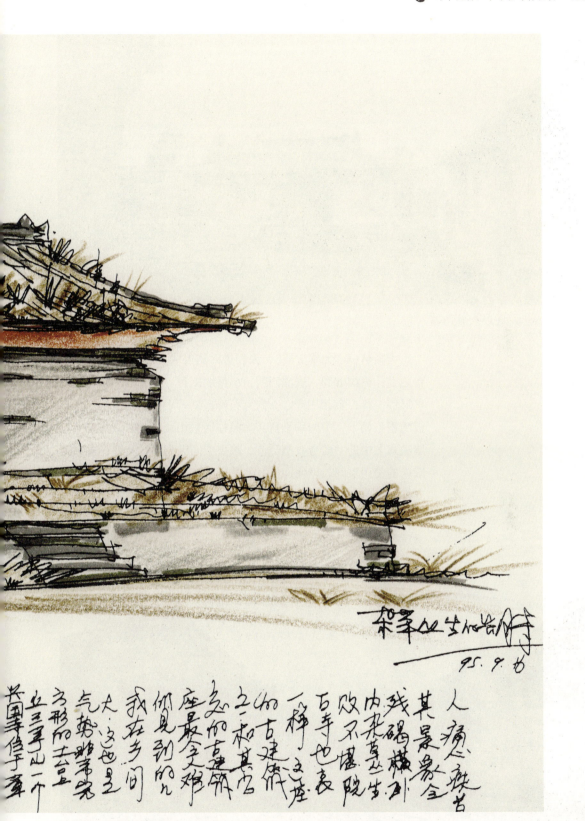

架筆此生行將朽
95.9.16

兴国手修于聿
立三年于山一个
之形而土豆
气势非常光
大，这也是
我在乡间
你见到的
座最义难
忘的古官
立和其它
的古建筑
群一座
一样，文座
古寺也衰
百寺也衰
败不堪陵
内来草丛生
残碣横列
其景象全苦
人疲废苦

图 9.15　兴国寺知晓大殿和配殿（2022 年摄）

大殿名曰"大雄宝殿"，人们俗称其为"大殿"。主殿起于基台之上，面阔五间，进深四间，单檐歇山顶。北大殿有石雕释迦牟尼佛一尊，宝相庄严。寺内有石碑石刻若干，端庄肃穆。博风板随檐口而下，中间垂悬鱼。大殿柱网采用减柱造法，为宋《营造法式》中的"殿身双槽"造，减去中间纵列中心金柱，扩大了殿内的使用空间，以便能更好地从事佛教活动。殿内前后有石柱支撑，上刻有题记，其中一根上刻着"大清嘉庆十六年岁次辛未三月吉旦立柱"的落款，此柱为重修时所立。各大殿顶部周围有木质雕刻装饰。

图 9.16　兴国寺庙宇全貌（2022 年摄）

图 9.17　知晓大殿起于台基，面阔五间，进深四间，单檐歇山顶（2022 年摄）

　　天王殿是进入兴国寺的庙门，面阔三间，进深一间，硬山顶。墙壁垒砌采用明砖，直砌至檐口。檐下两侧有墀头，素面无饰，短小的出檐与墀头齐平。中间辟门，用花岗岩起拱券，券石左右减地起茎，至拱眉处交汇成两瓣花卉。其上嵌有石匾一块，中间书"兴国寺"三大字，左侧刻有"天启七年（1627）重修天王殿"字样。

　　东、西耳门均在天王殿山墙外侧两米处，结构相同，皆为单间单檐卷棚顶式，有墀头、出檐。另据建筑的体量比例和使用的砖石，耳门是为明代遗存，当是作为天王殿的附属建筑一同营建，为日常进出所用。

　　主殿东、西两侧为配殿，东配殿为天王殿，西配殿为灶王殿，各三间，均为砖、石、木结构，硬山顶，建筑规整。兴国寺大雄

图 9.18　兴国寺石雕残迹（1995 年姜波摄）

图 9.19　兴国寺内的圆拱券石砌木门（2022 年摄）

宝殿与天王殿及灶王殿的搭配在国内佛教建筑中较为罕见，具有显著的地方特色。

在兴国寺院内，现还存有 6 块明清时期的残碑。这些石碑都已残缺，文字不全，但仍可辨出石碑落款，分别为"明正德十四年九月吉旦立石僧人性玉德平县衲僧道征书丹"的《重修天王殿立碑记序》、"顺治六年三月十七日重修善人那彦忠"石碣、"乾隆元年岁次丙辰清和之吉"的《重修兴国寺碑记》、乾隆五年（1740）的《新建祖碑记》、"嘉庆二十二年岁次丁丑中秋上浣谷旦"的方首石碑、"嘉庆二十二年岁次丁丑中秋上浣穀旦"的《重修兴国寺碑》。

图 9.20　三通石碑：《重修天王殿立碑记序》《新建祖碑记》《重修兴国寺》碑（2022 年摄）

兴国寺为章丘区现存可考的建筑年代最早的木构建筑，而且也是济南地区现存的建筑年代最早的木结构建筑。兴国寺的营造也很独特，根据寺内佛造像风格及寺内年代最早的建筑推断，石佛像的雕刻年代应早于佛寺院的建造年代，也就是说先有石佛后有寺。民间传说，隋唐时期，天上飞来一巨石，当地人以之为神石，遂在地上部分雕刻佛像，后来相传为刘典倡修大雄宝殿。兴国寺于 1979 年 9 月 3 日，被济南市人民政府公布为第一批重点文物保护单位，2007 年 12 月被山东省人民政府公布为第三批重点文物保护单位。

4. 村落民俗生活与非遗传承

土坯砖的制作，是叶亭山村中一项流传颇久的传统建造技艺。

今年 86 岁的叶启长曾是叶亭山村的瓦匠，据他回忆，其祖上曾是官家大户，清朝时期，其太爷爷叶世臣曾任高密县正堂，告老还乡后，建造的宅院高大气派。不过，曾经的老宅院早已坍塌不存。后来太爷爷的子孙都在家务农，再无做官之人。由于叶启长的父亲长期从事泥瓦匠的工作，叶启长便没有专门去拜师学艺，只是在父亲身边耳濡目染，就慢慢学会了这项工匠建造技艺。

20 世纪四五十年代，叶亭山村村民建房以土坯房为主。如今几十年过去了，村里的房子已逐渐被大红砖瓦房所替代，现在村中也只保留着为数不多的土坯房。据叶启长老人介绍，由于过去经济条件较差，建造成本较低的土坯房便成了建房时的首选。虽然土坯房经济实惠，但建造工序并不简单，以建造一套三开间的土坯房为例，前期建房所需要的土坯砖就要 3 个月的准备时间。

图 9.21　叶启长太爷爷的画像
（2022 年摄）

制作土坯砖的土主要从村东头的田地里挖取，再用人工小推车一车车地推回家。仅这项工作就要三四天的时间。接着就是将土与水混合，制成软硬黏稠度合适的泥浆。泥浆混合好后被放入特制的土坯模具里，模具有七寸、一尺两种类型。叶启长家的房子所用土坯砖，选用的是七寸（宽 30 厘米，厚 8 厘米）模具。

　　三开间的房子大概需要准备 3000 块土坯砖。打坯时间大多选在春季，打坯时通常两人一组。模子里装满泥浆后，打坯人用石制的夯头将模子里的泥夯实，并将四边压实、修平整，再打开模子，将成形的土坯搬走，晾晒。通常情况下，两人一天可以打一尺的土坯 400 块或七寸的土坯 500 块。仅靠一家之力，打坯很难在一两天内完成，这时请上三四个人，三五天就能完成了。土坯打好后还需要晾晒，天气晴朗的情况下半个月就可晒好；若逢阴雨天，时间就会延长。除所需要的土坯外，建房前还要采买少量的石头、木材和其他建筑材料。当这些工作都准备完毕，泥瓦匠才开始建造房屋。当时建造三间土坯房大概需要 1000 多元。因经济条件较差，房屋所用的砖材就相对较少，大部分为土坯，青石也只被用在房基处。为了节省成本，一部分石头是主家购买来的，另一部分是从各处搜寻而来的。

　　房梁是支撑屋顶的重要构件，房梁顺利到位，也预示着房屋主体构架的基本完成。因此，上大梁成为整个建造过程中的最隆重的一个环节，主家会提前找人算好上梁的良辰吉日。上梁当天，左邻右舍都会过去帮忙。上梁的时间往往会选择在阳气最旺的正午进行。上梁之前分别在梁架中间位置贴上写有"上梁大吉"的红纸条，正脊檩条处贴上"吉星高照"的红纸，以示吉利。正式上梁之前，主家还需要举行祭祀仪式，俗称"祭梁"。在"祭梁时，泥瓦匠负责人和带头的师傅要分别磕头。届时鞭炮响起，仪

图 9.22　叶启长保存的土坯砖制作模具已残缺不全（2022 年摄）

式进入高潮。上梁仪式结束后，主家会准备最丰盛的酒宴，以感谢帮忙的乡亲。在吃食方面，经济条件较好的人家讲究荤素搭配，经济条件较差的人家则多以蔬菜为主。在过去那个缺衣少食的年代，上梁当天的宴席也算是参与建房的村民一年中吃得比较丰盛的一顿饭了。上梁结束后，主家还会将工钱分发给泥瓦匠们，大约每人 10 元。

　　上梁结束后，便开始屋顶的建造工作。同样因为受经济条件限制，村民没有多余的钱购买砖瓦，故屋顶多为草顶，在檩条上铺设用秫秸秆制成的苇箔，苇箔上再涂一层黄泥，黄泥之上再铺一层厚厚的相互错落叠压的麦秸秆，就成为屋面。在前后屋面最上端麦秸秆交接处抹上一层石灰，用小灰瓦覆盖压实，便形成了正脊。目前村子里已经看不到草屋顶。20 世纪七八十年代后，随着经济的发展，村民们将过去的草屋顶都换成了红瓦屋顶，土坯房建造技艺，也成为了叶启长这一辈老工匠难以传承下去的建房回忆。

1. 地理环境与历史沿革

十九郎村位于章丘东北部，是山东省济南市章丘区相公庄街道的一个下辖村，位于相公街道办事处东 5 千米。该村现有 814 户、2300 人，耕地面积 2950 亩。十九郎村位居泰山山脉即鲁中丘陵地带，东望高大的玉泉山，北偎卧牛山，面对锦绣鸣羊山，地理环境优越。

村庄四季分明，雨热同季，山水环抱，钟灵毓秀，与普集街道接壤，平普公路贯穿东西大街，故又称平普路大街。古时十九郎村是军事要冲，为历代兵家必争之地。

相传东汉末，此地为屯垦兵寨。至唐初始建成村，曾名杨家庄。据《章丘市地名志》记载，十九郎村原先有一户人家，生了 18 个儿子，又招了一名上门女婿，共 19 子，故村称十九郎村。

图 10.1　十九郎村现存的《孟氏家谱》（2022 年摄）

2. 村落空间格局

十九郎村位于南北两山之间的山谷平原地带，整体地势东高西低，呈长方形布局，玉泉河穿村而过。村庄主要的对外道路为

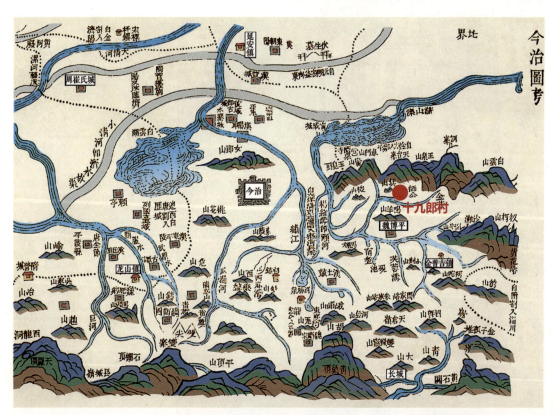

图 10.2　十九郎村在清道光十三年（1833）《章丘县志·疆域图·今治图考》中的位置（此图据原图着色）

图 10.3　十九郎村落鸟瞰图（2022 年摄）

平普路，宽度约 4—6 米。村内道路宽度约为 2—3 米，主次交通
分明。十九郎村的大部分建筑分布在平普路北侧，以中心大街为
中轴线往东西方向延伸，房屋布局紧凑，为块状聚集型，具有典
型山水环境与民居建筑相融的鲁中山区传统村落特征。狮子街、

图 10.4　十九郎村空间格局与历史文化要素分布图

太平街、顺德街、复兴街等街巷穿插在村落内部，形成四通八达的网格状空间形态。

3. 村落典型历史建筑

十九郎村域内古迹颇多，村里流传的《十九郎八景诗》："鸣羊起伏似卧龙，凤鸣桥下水无声。文昌阁上观日出，西道弯曲似长虹。卧牛黑石如斑点，金鸡康山报晓明。荆木桥梁碌碡架，大礼堂里读书经。"形象描述了十九郎村如画似锦的景色。但由于种种原因，其中的大部分古迹早已被毁坏，保留下来的仅有碌碡桥、玉泉桥、关帝庙、玉皇庙、山神庙、粮库等村落痕迹。

十九郎村北部有一条发源于长白山脉玉泉山的玉泉河，河水为东西流向，河上的两座古桥则南北向横跨其上，东曰"碌碡桥"，西曰"玉泉桥"，两桥相隔 50 余米。

玉泉桥为单孔石拱桥，长约 17 米，宽 4.8 米，拱高 4 米。桥体多为沙质岩，桥面以条石铺成，桥拱用块石垒砌，拱顶两侧有兽首，拱洞顶部有"乾隆三十三年三月二十五日上梁大吉"的字样，表明此桥始建于清代乾隆年间，虽然桥体不是非常美观，但十足耐用。

图 10.5　依旧能正常使用的清代玉泉桥，单拱，拱顶两侧有浅浮雕蚣蝮，又称"避水兽"（2022 年摄）

图 10.6　村内散落着石碾、石磨等农用工具（2021 年摄）

　　碌碡桥始建于明末清初，距今已有 380 多年的历史。该桥在清道光十三年（1833）的《章丘县志》中便有记载，但是《县志》中对于建造该桥时的历史背景没有详述。此桥为石木结构，长 10.4 米，宽 4 米，拱高 4 米，以碌碡为桥柱，11 个半碌碡被分为 4 组垒在河底卧牛石上，支撑着这座横跨南北的桥梁，甚是壮观。桥梁则用 25 根荆木平铺而成，其中最粗者直径达 40 多厘米，最细也有 20 多厘米。荆木上铺条石，20 世纪 90 年代又在条石基础上灌封水泥并抹平，沿用至今。据村中老人说，大水多次漫过桥面，而桥体安然无恙。碌碡桥独特的造型体现了村民对抗自然的智慧与创造力，在全国也实属罕见，故被列为市级文物保护单位。今碌碡桥和玉泉桥上依然车水马龙，熙熙攘攘，为章丘一大名胜。

图 10.7　玉泉河上的碌碡桥为石木结构，造型奇特，坚固耐用（2021 年摄）

图10.8　碌碡桥以碌碡为桥柱，荆木为桥梁，已有近400年的历史，远观甚为简陋，大水多次漫过桥面，部分荆木损坏，桥上依旧车水马龙，足可见其结构之科学（2022年摄）

碌碡桥东面墙壁上画有一条龙，活灵活现；左侧则记录了关于碌碡桥流传至今的传说故事。据说，龙王三太子游玩时路经此地，偶遇采花山姑，心生爱意，迷恋不回。龙王大怒，故发大水加以惩治。三太子执意不从，龙王遂抽其筋，剥其骨，并以其筋做桥梁，以其骨为柱而建该桥。而三太子最终与山姑相守到老，共度晚年。

卧牛山因形似卧牛得名，作为自然屏障，默默守护着村庄。20 世纪 90 年代，有关部门化验出卧牛山的石质为玄武岩，适用于修建高速铁路及高速公路。石质耐酸耐碱，耐高压，在此后 20 多年的时间里，卧牛山的玄武岩石被源源不断地支援了国家建设，这也拉动了十九郎村的经济发展。

关帝庙位于三个胡同交会处一户人家的东山墙上，坐西朝东，大约半米见方，三面用大青石砌成，外有挂罩石柱，庙顶为歇山式，庙脊兽为双龙。内供有"关帝爷之位"。庙虽小，但人文精神却浓厚，石挂罩上有一副楹联，上联："大节至今昭日月。"下联："华风亘古振纲常。"横批："浩然正气。"楹联对仗工整，两侧均刻有样式不同的精美花卉浮雕，石龛两侧的青石上详细记

图 10.9　全石仿木结构的关帝庙为清光绪八年（1882）重修，石龛两侧有关于重修关帝庙的记载（2022 年摄）

图 10.10　传统民居山墙上的铜钱样　　　图 10.11　传统民居山墙上的"泰山石敢当"石刻
式砖雕通风口（2021 年摄）　　　　　　　（2021 年摄）

载了清光绪八年（1882）重修关帝庙时捐钱人的姓名及其所捐钱
数。小庙的建筑风格及花卉浮雕符合明清时期的建筑及雕刻特点，
据此推算，关帝庙距今已有 200 多年的历史。据说庙内供奉着关
二爷，寄托着人们请关二爷镇守一方、护佑风水的美好愿望。

　　玉皇庙位于十九郎村南的鸣羊山之上，左有青龙（玉泉山）、
右有白虎（卧牛山）拱围。明朝初期，为驱灾避祸，祈求风调雨
顺，民众自愿建了该庙，至今约有 700 年的历史。这 700 多年中，
该庙历经沧桑战火，损毁几尽。据村民回忆，当初上院建有灵霄
宝殿三间，高大巍峨，正间内奉玉皇大帝神像，东间内奉天界仙
班，西间内奉四海龙王。此殿东首并立有西王母神庙一间。院内
东厢房供奉释迦牟尼、文殊等菩萨神像，西厢房供奉送子观音像。
下院东厢房为供奉太上老君等的三清殿，西厢房为泰山碧霞元君

图 10.12　鸣羊山上重修的玉皇庙，面阔三间（2022 年摄）

图 10.13　卧牛山上重修的山神庙，体量较小（2022 年摄）

行宫，中间过厅有四大天王神像（风、火、雷、电之公）。初进庙门（山门），有王灵官守护，门左侧立有山神庙一间，另有晨钟、暮鼓之楼。今之玉皇庙是 20 世纪 90 年代由信众自愿捐款在原址上修建的。由于当时的资金有限，修建的玉皇庙规模较小。

山神庙位于村北卧牛山上，坐北朝南。现在的山神庙是 20 世纪 90 年代重修的，有正房一间，上为琉璃瓦面的硬山屋顶，下用水泥砌筑，形制简单。

图 10.14　村内尚存一口清道光年间的古井（2022 年摄）

图 10.15　村内枝繁叶盛的百年古槐树（2022 年摄）

图 10.16　十九郎村原粮库房屋的石砌墙，坚固厚实（2022 年摄）

　　十九郎村东北处有棵百年古槐树，村民们都称它为"槐仙爷"。其树冠如华盖，树干开裂中空，尽显沧桑。据说附近有一户人家，出了两名解放军大校、正师级干部。古槐北面还有口道光年间的古井，据说村里有位 80 多岁的老太不慎掉在井里，被救上来后竟然毫发无损，人们认为这是槐仙爷在保护着村民。

　　粮库坐落于十九郎村东北角，南北街东侧的十九郎村小学斜对面。这里原是地主的一处后花园，在 20 世纪 60 年代，全国人民备战备荒，修建防御设施，解放军便在此修建了一座粮库。其占地面积 5000 平方米，墙壁全部用石头垒砌，有 50 厘米厚，冬暖夏凉，十分坚固，地面及四周墙壁用沥青浇筑防潮。2020 年 5月，根据齐鲁样板村规划设计，原来的粮库被改造成民宿院落。如今大门左侧还保留着旧影壁。

图 10.17　原粮库为公共建筑，院落空间宽敞，建筑均为全石到顶，红瓦屋面（2021 年摄）

图 10.18　原地主大院影壁墙保存得
十分完好，砖石细密（2021 年摄）

　　十九郎村的民居建筑依山而建，错落有致，由于地势变化，院落形状、大小也不尽相同。现存的典型传统民居，如顺德街

图 10.19　民居院落内的靠山影壁，
砖雕精巧，墀头上刻寿字纹（2021
年摄）

115 号、狮子街 11 号、太平街 122 号等建筑，多采用三合院形式，房屋建筑空间以一进院落为主，由宅门、院落、正房、耳房等围合成半封闭的空间。大部分合院的长宽比在 3:2 至 1:1 之间。为防止山洪冲刷，建筑多采用高台阶。单体建筑用料质朴，多为青瓦砖墙，色彩素雅，与周边环境相融一体，体现了当地的建筑艺术。

民居建筑的大门一般为如意门的样式，从门楼进入，正对着的便是厢房山墙上十分精美的座山照壁。村内的建筑一律采用硬山顶，屋面材料多用当地出产的黄草或白草与小青瓦。屋面角度大多在 45° 左右。据村中老人讲，早先村民的房顶多是用当地出产的黄草或白草铺成，雨水滞留时间长了，会导致屋顶覆草被腐蚀，寿命缩短。因此，村民把房顶的角度做得很尖锐，加快了雨水下流的时间，从而解决了屋顶易被腐蚀的问题。后来许多屋顶覆草逐渐被青瓦、红瓦所代替，但修建房顶的角度却被保留下来。

图 10.20 沿街墙面上的简易拴马石（2021 年摄）

图 10.21 十九郎村典型传统民居门楼，砖石规整，下设青石台阶（2021 年摄）

图 10.22　村内传统民居的灰渣砖山墙与硬山顶（2021 年摄）

　　十九郎村周围群山环绕，石材资源丰富，且质地坚硬耐磨，防水防潮。本着就地取材的环保理念，十九郎村村民在建筑中使用了很多当地出产的石材，砌筑的墙裙种类有条石墙裙和乱石墙裙。建筑墙体下碱多由青石构成，腰线为三层青砖，上身外层为渣土砖，内层为土坯砖，中间以丁砖加固，形成丰富的建筑外立面效果。

图 10.23　传统民居建筑的沿街立面（2021 年摄）

图 10.24 十九郎村民居门楼两侧打细工艺精湛的卡门石（2021 年摄）

　　十九郎村的木雕装饰图案题材多样，内容丰富，构图巧妙，雕艺精湛，在长期的发展过程中积累了丰富的程式语言。以顺德街 115 号院为例，其檐下的透雕挂落上刻有牡丹与梅花，象征荣华富贵。垂柱上雕有"暗八仙"中的图案，用八仙的法宝来比喻八仙，以表达吉祥长寿之寓意。除此之外，有的民居建筑木挂落上刻有牡丹，象征富贵长寿，也有喜用狮子抱铜钱等图案作为装

图 10.25 门楼上各式的木雕垂花柱（2022 年摄）

图 10.26 十九郎民居门楼墀头上多种多样的砖雕图案（2021 年摄）

图 10.27　民居门楼木挂落的照片（2022 年摄）及手绘线稿图（薛鑫华绘）。其雕刻线条生动，特别是挂落中间的狮子抱铜钱图案

饰的，寓意着财源广进。垂柱使用梅兰竹菊的图案表现文人的高尚雅洁。这些木雕装饰不仅具有形式美，还具有寄托主人理想和对子孙后代美好祝福的内在美。

　　狮子街 11 号院是十九郎村为数不多的二进院落。据说狮子

图 9.28　狮子街 11 号院沿街立面手绘图，大门位于其东南角（李春绘）

图 10.29　顺德街 115 号民居门楼上的透雕挂落照片（2022 年摄）及手绘线稿图（薛鑫华绘）

街 11 号的原主人为孟氏商人，在济南经商卖布。其门楼类似如意门的形制，大门采用硬山式屋顶，瓦片叠砌成透风脊，屋脊灰砖挑檐，高高翘起，垂脊由砖和瓦叠砌而成。在墙面上还设有两个拴马石。山墙墀头上有平面浮雕，并刻有精美的石榴图案，寄托着主人家多子多福、富贵吉祥的美好寓意。

　　十九郎村孟姓商人的民居装饰豪华，多用砖雕。青砖因耐压、防腐，性能优越，所以被大量用于墙体、地面等各部位上，并经过雕刻加工。这种砖雕装饰加工起来比石料容易，又比木雕经久耐腐。表现风格上，砖雕既有木雕的精致柔润与平滑，又呈现出刚柔并济、质朴清秀的风格，给人粗犷而不粗糙的感觉，在蓝天、青山、绿树的映衬下愈加显得古朴而稳重，故成为建筑装饰中重要的一部分，主要被应用在建筑中的影壁、屋脊、墀头等部位。

　　太平街 122 号院整体保存得较好，大门完整，硬山屋顶，墙面以青条石为基础，以小青砖为腰线。腰线以上有整面的渣土砖，石枕及卡门石简洁大方，没有雕饰。通过调研走访，这户人家还住着一位精神饱满的 91 岁老人，她的丈夫名为李敏，毕业于山东水利学院，曾为国家水利工程做出了相关贡献。

图 10.30　太平街 122 号民居门楼，以青石为基，设有三层台阶，细部讲究（2022 年摄）

4. 村落民俗生活与非遗传承

章丘相公庄十九郎村的民风淳朴，每逢农历初一、初六、十一、十六、二十一、二十六等日子，就是延续了几百年的十九郎大集。开集当日，大小商贩云集，街上人头攒动，摩肩接踵，十分热闹。此外，十九郎村在春节期间的习俗也颇为丰富，包括扮玩、吕剧、腰鼓等。

扮玩是十九郎村村民文化生活中的一种艺术形式，从大年初一开始，群众就陆陆续续汇合起来，玩龙灯、舞狮子、踩高跷、抬芯子、扭秧歌、划旱船、抬花轿、玩杂耍等各种传统的扮玩节目纷纷亮相，人们借此来欢庆节日，祈求平安。

吕剧作为山东戏曲的传统剧种，在民间广泛流传。十九郎村自古就有吕剧艺术爱好者，后来又在村委领导组织下成立了庄户剧团，并于 2012 年被章丘市评为"十大优秀庄户剧团"，并在全市范围内进行演出，其剧目包括《李二嫂改嫁》《小姑贤》等，深受广大群众喜爱。

腰鼓作为民族棰击膜鸣乐器，发音脆亮。它来源于生活，又很好地表现了生活，独具魅力，展示出农民朴素而豪放的性格，彰显出独特的艺术性。每年春节期间，十九郎村的村委都会组织吕剧、腰鼓演出，以增加群众春节期间的欢乐气氛。

图 10.31　十九郎村民在打腰鼓，朴素豪放（2021 年摄）

在调研走访过程中，我们看到有的人家屋顶上放着两块砖，主人解释道：相传明朝初年，宰相刘伯温从京城出发，到济南一带私访，偶遇一户人家娶亲。自此流传出"清晨新娘下轿，定有宰相赶到。房顶暗放红砖，定能除魔降妖。日后生一贵子，高中状元光耀"的故事。因此，从明朝开始直至今日，十九郎村凡娶亲的人家，都会在大门楼的屋顶上放两块砖、两双筷子和两枚钱币，以镇邪和趋吉。

除了这些娱乐活动以及饱含寓意的民俗，十九郎村还保留了章丘传统的手工锻打铁技术，这一技术是古村落传统文化不可分割的重要组成部分。位于村南的孙铁匠铺，从清同治年间始创，目前已传承五代，是传统手工艺延续至今的最直观的体现。铺内设有锻打体验区、淬火观摩区、铁具产品展厅等功能区，集观赏和体验于一体，现已被打造成集铁具锻打、铁艺研发、销售、研学旅游于一体的手工锻打文化产业链。

村内还设有铁匠会。由于十九郎村居民以铁匠居多，且旧时铁匠都收有徒弟，在打铁过程中免不了有徒弟或因飞锤，或因迸溅铁星等发生事故，导致残疾等情况，这样就会造成许多纠纷甚至诉讼，甚至有的徒弟家人能逼迫铁匠师父至破产。为避免此类事件继续发生，周边十三庄铁匠便联合起来，成立了铁匠会。他们敛钱并收取一定的钱物作为铁匠会基金，凡入会铁匠日后若碰到徒弟伤残或死亡之类的事情，财务赔偿会由铁匠会来承担。

图 9.32　十九郎村的福字透着村落生机（2021 年摄）

旧军村：

繁华落尽、余韵悠长的儒商故里

1.地理环境与历史沿革

　　旧军位于章丘区北部刁镇驻地以西 3 千米，地理位置优越，交通便利，321 省道从村北穿过，南距济青高速公路 3 千米，西至济南国际机场 20 千米，村内主干街道与镇村公路相连接，形成四通八达的交通网络。村内置 4 个行政村（旧东、旧西、旧南、旧北），总面积 1063.15 公顷。

　　旧军，汉武帝时叫猇城。东汉时改城为县，属济南郡。南北朝时属侨置的高唐县。隋开皇年间又改属为章丘县。到宋朝景德年间，"移县北置清平军，以县属焉。复移军于县城。金废军，县属济南。按《宋史》，熙宁二年，废军，即县置军使"（清道光《章丘县志》）。旧军，即旧清平军之称北宋初年开凿的运粮河由镇西径流向北，小清河从镇中东西穿过。平坦大路与县治、省城相通，水路运输便利。南近白云湖，收鱼虾之利；北接平原，获五谷之丰。清康熙、雍正、乾隆年间，商贾云集，有"小济南"之称。旧军孟氏系亚圣孟子后裔。据《孟子世家流寓章丘支谱》记载，孟子五十五代孙子位、子伦兄弟二人于"明洪武二年三月二十六日，自河北枣强迁居此地定居"。

图 11.1　旧军村在清道光十三年（1833）《章丘县志·疆域图·今治图考》中的位置（此图据原图着色）

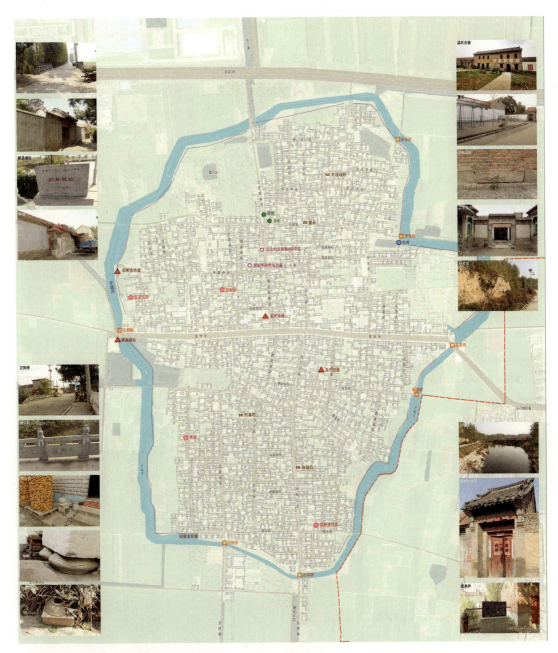

图 11.2　旧军村历史文化要素现状分布图

2.村落空间格局

　　旧军村地形中间高，周边低，地势东高西低、南高北低，鸟瞰若佛掌形。唐、宋时小清河从村北东西穿过，宋朝时建利津桥，贯通南北。村庄圩墙十里环抱，外有宽阔的护城河环绕。

　　旧军村内建有 36 条街，72 条胡同。偌大的村镇只有 4 门可通，而更为罕见的是主街道、胡同的两头都有稍门建筑。旧军以

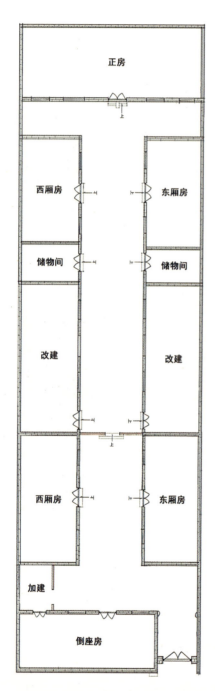

图 11.3　李家亭 3 号传统民居平面示意图（黄萍绘）

村内真武庙为中心，东西以大寺前街、官地街，南北以河南、河北大街，南、北孟家寨，义气街为主干，四面辐射，街道互通，胡同互连，组成村落街巷格局和大小不一的居民群落。其道路系统分为主要道路、次要道路和村内巷道 3 级，主要道路为官地街、北孟家寨街—南孟家寨街、沙沟街、河北大街—河南大街等，官地街宽度 16 米，其余宽度 5—6 米；次要道路为长顺街、义气街、李家亭街、孟家沟街、东昇街、阁西街—阁东街、青龙街等，宽度 3—5 米不等；村内巷道主要以枝状形式通向各家各户，宽度不等。随着时代的发展，街巷增加，但旧军的村落空间格局没有改变。

3.村落典型历史建筑

旧军村的传统民居建筑都很讲究，村内民居建筑多以四合院为主。四合院以正房、东西两厢房及南屋为主要建筑，围绕中间庭院，形成平面布局的传统民居。

为了利于采光，四合院一般是南北长的矩形，大门在东南角，以东屋山墙设计影壁，左拐入院。北屋为正房，要高于东西厢房和南屋，正房东面是厨房，西面为储藏室。南屋东面是大门，西南角是栏圈。大门要高于南屋而低于正房。谚语："东南门，西南圈，围着主房好吃饭。"即指此种布局。四合院多为土坯草顶结构，或青砖、青瓦混合结构。房屋开间一般在 2 米左右，进

图 11.4　孟氏家族花园大门遗迹（2022 年摄）

图 11.5　村民收藏的古石磨（2022 年摄）　　图 11.6　花园大门内遗存的拴马石（2022 年摄）

深一般在 1.6 米左右。建筑材料主要是石头、砖、土坯、木料、石灰、麦秸、泥土等。古时旧军村商业气氛浓厚，经商的人家较多。现今村内遗留的一些恢宏气派的古院落、古祠堂等，正是当年旧军商富大户的见证。旧军村的典型传统民居建筑如下：

孟氏古楼位于旧军西门里路北，建于晚清时期，是进修堂（家族堂号）主人孟养轩（知名儒商孟洛川的亲族）的故宅。孟氏古楼存留至今的是两栋二层文物建筑和一栋单层建筑，称南楼和北楼。南楼为尖山式硬山顶二层建筑，面阔 5 间，进深四 4 椽，建筑面积 136.40 平方米。仰合瓦屋面，正脊为清水脊，正脊两端起翘。前后檐出飞椽，檐头钉连檐瓦口，之后铺设望砖。木构架为抬梁式，墙内砌筑木柱支撑，上起金瓜柱承托三架梁。一、二层间设六榀木承重，上置楞木，楞木上铺钉木楼现俱已缺失。室内一层为青砖地面，二层为木楼板地面。北楼大门及门房为尖山

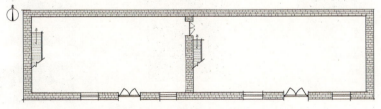

图 11.7　孟氏古楼（北楼）一层平面示意图（黄萍绘）

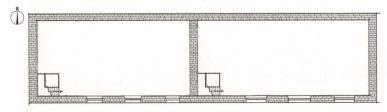

图 11.8　孟氏古楼（北楼）二层平面示意图（黄萍绘）

图 11.9   孟氏古楼南楼立面。该楼为硬山顶二层建筑（2022 年摄）

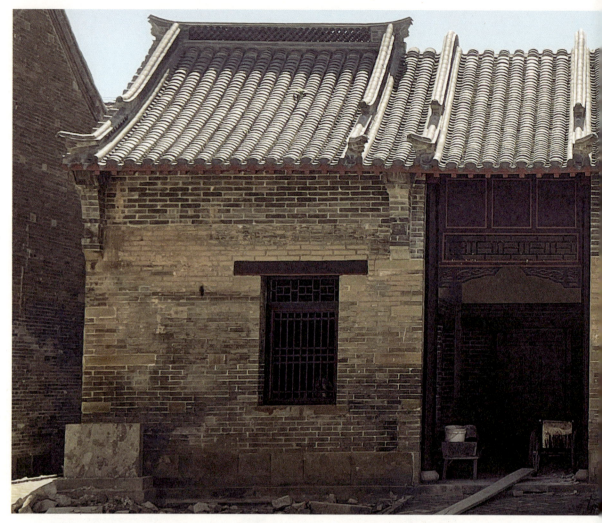

图 11.10　孟氏古楼北楼硬山顶大门在中间，已修缮（2022 年摄）

图 11.11　孟氏古楼北楼的山墙及砖雕通风口（2022 年摄）

图 11.12　孟氏古楼南楼的大门及拱形过梁（2022 年摄）

式硬山建筑，面阔二间，大门及门房各一间，进深五椽，大门前出廊，建筑面积 54.43 平方米。大门前檐明间金柱位置砌筑清水墙，开设门洞，安装对开板门。大门东侧为门房，门房前后檐设窗洞，安装直棂窗，样式不详。现门房窗洞被封堵，屋面被拆改，梁架缺失。大门及门房室内均为青砖地面。

忍耐堂位于旧西村内，占地 650 平方米。忍耐堂堂主为孟广漪，其先祖与孟雒川为近支。院落内现保存有清中期古楼一处，两侧配房 6 间。忍耐堂为卷棚顶，保存价值较大。

圩子墙位于旧西村，全长约 4267 米，内主体由黄土夯筑而成，外层三面是用灰土夯实而成，城墙夯窝明显。根据相关记载，旧军的古城墙历史比较久远，起初是清末为防水患匪祸而修筑的素土圩墙，但素土圩墙难耐风霜雨雪侵蚀，因此，清咸丰十一年（1861），由振威将军孟撎玉（传琏）等倡导，道光举人李青

图 11.13　忍耐堂卷棚顶大门，在济南极其少见（2022 年摄）

图 11.14　忍耐堂卷棚顶侧视图（2022 年摄）

函（元缃）先生精心设计，以原圩墙为框架构筑，墙体改为灰土结构，城门、城楼、炮台、垛口、马道等采用砖、石、木结构修建而成。按古城式样建有城门、城楼、炮台、胸墙、垛口等，圩墙外有护城河，河上建桥。四城门皆是重木门，里外两层，且两门不冲，曰"调置门"，中间有 10 多米间隔，形成瓮城。四城外门楣镶石镌横额，东门曰"东作"，西门曰"西成"，南门曰"俶

图 11.15　村内现存的一段圩子墙，内为黄土夯筑，外层三面是用灰土夯实而成（2022 年摄）

南"，北门曰"拱北"。南门里观音阁门额上书"旧军镇"。城门楼高 10 余米，黑漆廊柱，斗拱飞檐。

圩子墙现存北向、西向数段，且已不完整、不连贯，仅村西桥东的南北两侧保存得较好。2016 年、2018 年由山东鸿扬文物保护工程有限公司对其进行了（一期）（二期）本体保护修缮工程，其中一期修缮了桥北约 300 米的圩子墙，并增添了人行道、绿化和排水；二期修缮了桥南圩子墙约 166 米的长度，增修了人行道、绿化和排水等。

孟氏故居位于旧东村大夹道街 6 号，四合院布局，包括正房、南北厢房及倒座，其中南北厢房为后期在原址上重建的。孟氏故居为清晚期建筑风格，皆为青砖砌墙，硬山顶，东西长约 20 米，南北长约 30 米，总占地面积约 600 平方米。正房坐西朝东，分为上下两层，各设木檐廊，分别由 10 根木柱支撑，石鼓状柱础，砖木结构，面阔 8 间，进深两间，硬山顶，覆小黑瓦。南北厢房各三开间，进深一间，硬山顶，透风屋脊，仰瓦屋面。倒座与大门相连，左侧又建一间耳房。孟氏故居现为旧军乡村博物馆。

图 11.16　孟氏故居院落俯瞰图（2022 年摄）

图 11.17　孟氏故居大门，该故居现为旧军乡村博物馆（2022 年摄）

4. 村落民俗生活与非遗传承

村内民间艺术形式多样，内容丰富，具有浓郁的乡土气息和鲜明的艺术风格，其主要形式有扮玩、芯子、剪纸等。

清末民初，旧军村"扮玩"之风颇盛。中华人民共和国成立初期，获得翻身解放的人民群众满怀喜悦心情，以传统、古老的民间艺术形式，表达对中国共产党和新中国成立的热爱之情，民间艺术空前活跃。每逢春节、元宵节或喜庆活动，村民们都载歌载舞，以示欢庆。

中华人民共和国成立前，村内没有芯子这项活动，一直到2000年南村河南大街首创，旧军村也随后跟上，并改进了过去用人抬或用人扛的形式，而是前后用地排车轮，一人拉着掌控方向。杆中焊有铁架，杆长七八米，铁架上绑一名10岁左右的儿童，穿着戏服，随锣鼓点的伴奏，表演各种动作，妙趣横生。相传这种拉芯子，是由抬芯子演变而来的，表演内容有《梁山伯与祝英台》《哪吒闹海》《白蛇传》《西游记》等。小演员在上面做各种表演动作，别有风趣。护卫者多为儿童演员的家长及亲属。

村内祭祖传统起源于乾隆年间。乾隆年间，孟氏家族修建祖祠，自此开始祭祖活动。祭祖由族中德高望重的族长主持。祠堂

图 11.18　祭祖时，主祭人正在上香（2023 年摄）

图 11.19　祭祖时，主祭人带领参祭人读祭文（2023 年摄）

图 11.20　在章丘明水古城复原的济南院东大街瑞蚨祥老字号（2019 年摄）

图 11.21　旧军"祥"字号之一的瑞蚨祥商标　　图 11.22　隆祥老号海报

常年有族人轮流值班看守，看守时便负责在族内凑钱购买当年的贡品。解放后，祠堂便变成了公房，后来又成为章丘县拖拉机站，祭祖活动从此中断。时至今日，孟氏后人开始重新恢复祭祖活动，每年的腊月二十三，孟氏后人孟钢、孟勇，带领孟氏族人以及儒商联合会代表来到孟氏故居，参加祭祖活动。祭祖流程由摆祭开始，先请主祭人行盥洗礼、点燃香烛、参祭人员按顺序上贡品，再由主祭人恭请祖先、敬酒、上香，然后参祭人依次上香、烧纸敬祖，最后主祭人读祭文，送神归位。

　　除此之外，旧军村还有非物质文化遗产——瑞蚨祥。瑞蚨祥创始人孟传珊（字鸿升），是孟子的后裔，济南府章丘县旧军镇

（今济南市章丘区刁镇街道旧军村）人。旧军孟家原为耕读世家，勤劳节俭、朴实厚道、注重积累、吃苦耐劳是世代相传的家风。这种先天的家族特质为其后天发展注入了超强的凝聚力和生命力。旧军孟氏，明初从河北枣强迁来，经过相当一段时间的苦心经营，至清康熙年间开始由耕织之家变为耕读之家，后又经商，家族发迹。当时旧军镇北部的辛寨生产土布，通称"寨子布"。孟闻助（孟子第 62 世孙）因科举有志未逮，遂传力积累，先在旧军镇开设鸿记布店，并游走外地，赶集市、庙会推销寨子布。至清乾隆年间，孟兴智、孟兴泰（孟衍升之子，兄弟二人由行商变坐贾，在北京、天津、济南等城市开设了"祥"字号商店。后来兄弟分家，孟兴智分了济南的庆祥和北京的瑞生祥，孟兴泰分了济南的隆祥和周村的恒祥。此后，二人各自经营，不断发展）在省城济南创建了庆祥布店和隆祥布店。不久，孟兴智又在北京打磨场设立了瑞生祥绸布店，孟兴泰在周村设立了恒祥染店。从此，"祥"字商号问世。

图 11.23　旧军"祥"字号之一的瑞蚨祥商标

　　关于瑞蚨祥的起名还有一段美妙的传说。据说，店名中的"蚨"是古代传说中一种形似蝉的昆虫。晋代《搜神记》卷十三记载，青蚨"生子必依草叶……取其子，母必飞回，不以远近……以母血涂钱八十一文，以子血涂钱八十一文，每市物，或先用母钱，或先用子钱，皆复飞归，轮转无已"。这里说的是钱用完了又能飞回的故事。因此，资东取店名瑞蚨祥就是借"祥瑞"的吉祥之寓意，瑞蚨祥就以一对母子蚨图案作为自己的商标。

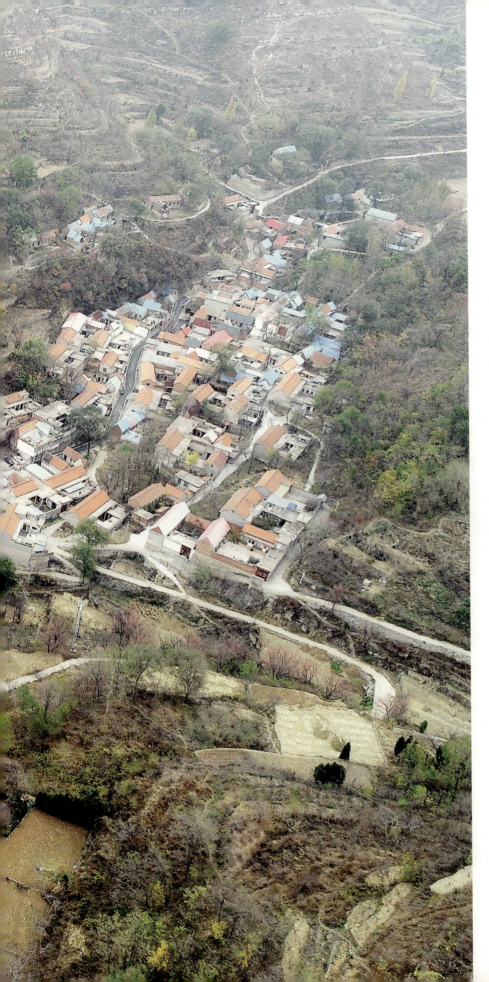

拾贰

黄露泉村：
群泉桥村映黄栌

1. 地理环境与历史沿革

　　黄露泉村隶属济南章丘区文祖街道办事处，位于章丘城区东南部，距文祖街道办事处驻地约6000米。该村东临官庄镇，西靠双龙村，南接石斑鸠村，北倚甘泉村。村庄占地面积265.72公顷，有耕地39.97公顷。村庄内泉多水多，村以泉而著名，村内随处可见保留完好的明代、清代的拱形石桥，因而又称"桥村"。初春时，村庄两侧山坡上随处可见榆钱和槐花。深秋时，轿顶山上的黄栌叶红成一片，景色十分优美。2017年，黄露泉村被评为"山东省第四批省级历史文化名村"。

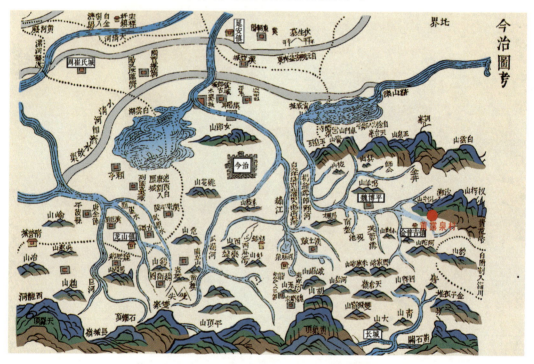

图12.1　黄露泉村在道光十三年（1833）《章丘县志·疆域图·今治图考》中的位置（此图据原图着色）

　　黄露泉村因多黄栌和泉水，原名为"黄栌泉"。明朝皇帝朱元璋在打天下期间，兵败受伤，逃亡到该村，疗伤期间，依靠该村的特色黑小米粥生存下来。多年后，朱元璋登基称帝，携皇后来报黄露泉村李老汉当年的救命之恩，亲笔御书，将"黄栌泉"赐名"皇禄泉"。"皇禄泉"这一村名从明朝一直沿用到清朝末年，辛亥革命以后又被称"黄露泉"，沿用至今。

2. 村落空间格局

　　黄露泉村三面环山，多泉水和黄栌，地势整体上由西向东呈

图 12.2　黄露泉村历史文化要素及景观分布图

抬升趋势，山川形貌与村落融为一体。

　　村子建在山坳之中，村内建筑沿河而建，就地取材，随山就势分布，但整体坐北朝南，保证了每家每户都有良好的朝向、通

图 12.3　秋日的黄露泉村，黄栌将山坡晕染（2022 年摄）

风和采光。村落整体格局东西狭长，错落不齐。村落街巷大多采用片石铺设，小巷迂回曲折，层级而上。村内河北面是村子的主要部分，通过石桥与村南相连。村落西侧有一条经过双龙村的道路，是该村的主道路，受地形影响，路面普遍较窄，两侧是一些开凿过的崖壁。

村落多泉水，村南山坳里有龙泉和龙泉庵。村内除老泉之外，还有小泉、涝泉、东井、西井、东园井、下崖井、小涝井等众多泉眼。村东有李氏古墓，墓地尚存清代墓碑十余通。村人作《村景诗》一首"北横巅峰耸轿顶，震甲连脉如翠屏。南岳三台生秀气，卧虎守门锁西城。溪流东来穿村过，桐影槐荫映小桥。更喜群泉涌碎玉，春桃秋柿满山红。"

坐落于黄露泉村北的轿顶山主峰海拔713米，因形状似轿顶而得此名。轿顶山东与官庄四季山相映，北和官庄阁老寨相连，南眺猪头山，山势雄伟挺拔。登轿顶山可远观周边山脉，黄露泉村美景也可尽收眼底。轿顶山有绝巘，形似石佛拱手迎八方来游宾客，形象逼真。其左有石室，内有石桌、石床等，洞景多彩。村子里有一段流传千年的故事：传说轿顶山曾是泰山碧霞元君娘娘的住所，碧霞元君娘娘后迁居泰山，轿顶山山前绝巘就是元君娘娘迁走时拱送不舍的山神。

图 12.4　轿顶山位于村北，村落依山而建（2022 年摄）

3. 村落典型历史建筑

图 12.5　黄露泉村传统民居手绘图（李春绘）

　　黄露泉村有许多能代表村落悠久历史的明清至民国时期的传统民居，我们可以清楚地了解到村落产生至今的历史发展脉络。

　　村子以东西大街为中心，向南北拓展，至清中叶发展成村落

的完整形态。村内传统建筑多数为石头民居、土坯民居，极少数民居为砖木结构，部分新建平屋顶的民居为砖混结构。村内民居大多建设在用石头夯砌而成的陡峭高台之上，这是黄露泉民居的一大特色。村子中的传统民居众多，其中以龙泉庵、李遵荣宅、李孝银宅等建筑最为典型。

黄露泉村南山坳里有一个只有一户人家的村庄，紧挨着桑黄峪，当地人称其为桑黄村，与黄露泉为一个行政村。桑黄村有龙

图 12.6 黄露泉村典型夯土建筑立面手绘图（李春绘）

图 12.7 黄露泉村传统民居墙体结构手绘图（李春绘）

图 12.8 黄露泉村东关桥手绘图（徐敏慧绘）

泉和龙泉庵。据黄露泉村党支部书记李树兰回忆，她从记事起就听村里老人讲桑黄村的龙泉和龙泉庵的故事：在这个海拔540米的山上，清末时住着一户人家。这里有水有农田，这家人在这里自己种田、自己生产。

龙泉庵坐落于黄露泉村西南，黑牛沟南侧桑行沟山凹处。庵东有龙泉，庵以此命名。庵堂占地450平方米，由北大殿、东西

图12.9 龙泉庵现存正殿墙体及廊柱基本完整，屋面有损毁（2022年摄）

图12.10 龙泉庵正殿外立面手绘图（李春绘）

厢配殿、十字穿心阁南门组成，皆为方石块砌墙，脊檐皆有青砖雕刻着吉祥走兽。正殿前石柱2根，主殿供南海观音菩萨、碧霞元君，东厢殿供送生娘娘、眼光娘娘、石大夫，西厢殿供八仙。

据碑刻记载，龙泉庵始建于明朝正德年间。龙泉庵现存有正殿3间，建筑主体完整，屋顶破败。正殿前廊的石柱上刻有楹联一副。2012年春，章丘原博物馆馆长宁荫棠等人对龙泉庵的石柱楹联进行了考察。宁荫棠先生经过1个多月的精心研究，认定这幅楹联为金文、大篆的复合体。楹联上联是"航渡津崖，登万□于寿域"，下联为"位列金上，集群圣之大成"。龙泉庵东，路旁石堰下有一眼古井，据称叫"龙泉"，四季不涸。黄露泉村民世世代代饮用此泉水。

图 12.11　龙泉庵正殿石窗，铜钱式样，拱形过梁，雕工细腻精湛（2022年摄）

图 12.12　李遵荣宅，典型传统民居，依山傍河，坐落于高差近4米的台基之上（2022年摄）

　　村民李遵荣宅是村子里典型的传统民居，坐落在高差 4 米的
高台基础之上。该院落已有 90 多年的历史。院落所座落的高台
基础，为安置建筑的山地平台，通过梯田式找平，外侧做石砌的
挡土墙，在挡土墙内侧用夯土填实。这种做法使建筑与山地地形
融为一体，体现了村民的建筑智慧。

图 12.13　临河的传统民居，硬山顶，石台基，土坯砖砌墙（2022 年摄）

图 12.14　李遵荣宅手绘图（李春绘）

图 12.15　砖雕"奋发"（2022 年摄）

图 12.16　砖雕"图强"（2022 年摄）

李遵荣宅建在河边，通过一座石拱桥连接村子里的主要道路。该建筑面积有 200 平方米，建筑平面呈不规则的梯形，西宽东窄。现修建房间数为七间，正房三间，左右耳房各两间，院落北侧有青石垒砌的墙基，建筑墙体是用的夯土材料，房间正面墙体用石灰抹面，经过漫长岁月的风吹日晒，大部分已经脱落。

院落建筑装饰考究，正房有墀头砖雕，雕刻着"奋发""图强"两个词语，是院主人请村中的石匠雕刻，寄寓着主人美好的期望。建筑形式为硬山顶，屋面材料用当地出产的黄草，屋面角度在 45° 左右。据村中老人讲，早前村民的房顶多用当地出产的黄草铺成，黄草屋面的吸水性较强，但易受腐蚀，寿命短。因此，村民们就把屋顶做得尖锐，以减少雨水的停留时间，加快排水，这很好地解决了屋顶易腐蚀的问题。

村民李孝银宅是村子里典型的传统民居，距今有 80 多年历史。该院落共 9 间房，正房面阔 3 间，保存完好。西侧耳房屋顶坍塌，厢房和厕所也只剩下石头墙体。院内有一石磨，石磨底部围合，形成鸡舍。

图 12.17　李孝银宅侧立面手绘图（李春绘）

图 12.18　宅共 7 间，硬山顶，东两间现为红砖砌墙，其余房间以青砖和土坯砖砌筑（2022 年摄）

　　李孝银宅房屋建筑的材料各不相同，正房与西耳房是夯土墙体，东侧耳房为红砖墙，其余的厢房、厕所都为石头砌成，院落围合的墙体是由石头和夯土混合组成的，高度在 1.5 米左右。现在整个院落因长期无人居住，已经荒芜，院内种植有花椒。正房与耳房均为硬山屋面，以黄草作为屋面材料。山区黄草资源丰富，黄草屋面的保温隔热效果好。黄草覆盖屋面做法分为 4 步铺箔材—苫背—铺黄草—做屋脊。在屋檐檐口外覆盖两层薄石板，往上至屋脊盖黄草。为了防止雨水渗透，山脊两侧用厚草压实，少数用灰板瓦收边，在保护屋顶的同时也可以起到装饰作用。

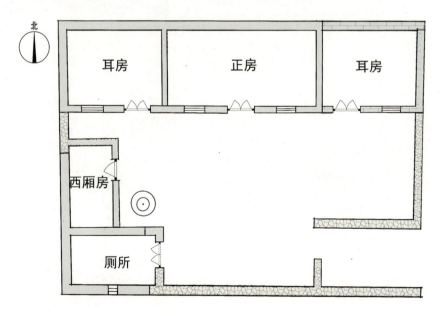

图 12.19　李孝银宅平面示意图（李春绘）

图 12.20　李遵荣宅南立面手绘图（李春绘）

图 12.21　李孝银宅院内的石磨手
绘图（李春绘）

　　村内建筑沿河而建，村里人家出行需要跨河，村内保留着许
多明清时期的石拱桥。

　　村内最具代表性的石拱桥是东关桥，该桥横跨于村子的主要
道路之上，是连接村南与村北的重要桥梁。桥梁建造所用的青石

图 12.22　东关桥是单孔石桥，位于村子的主干道上（2022 年摄）

来自轿顶山。桥体为单孔石拱桥，桥上桥下都可供人通过。东关桥总长近6米，拱高3米，桥基坚实，桥身轻巧，保存完好。此外，村内还有团结桥、关帝庙桥、裕泉桥、河南桥、上崖桥、下崖桥、涝井桥、泉西桥等石桥。因此，人们又称黄露泉村为"桥村"。

图 12.23 "裕泉桥"石刻（2022 年摄）

图 12.24 村内典型夯土建筑手绘图（李春绘）

4.村落民俗生活与非遗传承

几百年来，黄露泉村村民依靠着得天独厚的自然条件，安居乐业，至今保留和传承着很多传统习俗。

图 12.25 2022 年老梆腔戏 "戏曲进乡村" 演员剧照（20212 年摄）

黄露泉老梆腔戏发源于章丘梆子，因在黄露泉世代口耳相授了 300 多年，被原汁原味地继承流传下来，所以又被称为黄露泉老梆腔。2015 年，该村老梆腔入选山东省非物质文化遗产项目名录。黄露泉老梆腔是由山陕梆子与章丘当地的秧歌、民间小调等戏曲表演形式混合发展后而产生的一个剧种。这个剧种只有用章丘人的方言演唱才能展现出高昂、洪亮且又幽默挑逗的效果。老梆腔的传承多为祖传式，爷爷教孙子、大伯教侄子、祖传父、父传子，一辈一辈往下传，世代不息。

村里的戏班每逢节庆日演出，特别是春节元宵期间，不但在本村唱大戏，还在周边村镇友情演出。其他节日也有演出，如六月六晒服装，也叫凉衣唱热戏。每逢村里重大事情，如庆祝、求雨等，都唱大戏。

村民李遵忠，1932 年 2 月出生，济南市非物质文化遗产黄露泉老梆腔的传承人。他是本地区该剧种少数能通全本的传人，拉弦、打击乐、牌曲、唱腔样样精通。他 18 岁时拜李久芝为师学习司鼓、打击乐技艺，如九龙翻身、义昌、戏曲通篇等；后拜李文芝为师学习曲牌、吹曲，终成为能文能武、能拉能弹的舞台柱子。村民李斗芝，1950 年 2 月出生，是济南市级非物质文化遗产黄露泉老梆腔传承人。他主唱老生，声音条件浑厚有力，极具感染力。同时也能唱小生、小旦角色。李斗芝在上学期间就受过李久芝、李永芝两位老艺人的指点，后拜李遵忠为师，学习《天仙配》《送子》《双锁山》等唱腔，并兼学拉弦、打击乐。

黄露泉村北部轿顶山上的石材适合建房，村子有不少七八十岁左右的石匠。

73 岁的石匠李延道老人至今保留了全套的石匠工具，种类齐全，既有开采石料的工具，也有打磨、雕刻石块的工具。

村民廖成材今年 67 岁，是村子里的石匠。他从事石匠行业一直到 2000 年，后因封山，转行做起了瓦匠。他现在住的家和家门口的石拱桥就是他参与建造的，所需要的石料来自本村轿顶山。期间进行口述访谈时，廖成材介绍了开山采石的步骤：首先用铁钻和斧锤在整块山石上凿出许多条具有一定间隔的浅缝，再用铁锤把长条形的铁楔子镶嵌在浅缝当中，用力击打，利用铁楔子的扩张力把石头开裂成长条形的石块，再用工具将石块打磨雕刻成长条石，最后利用人力推车将其运送到山下用于建房、施工。

图 12.26　村里的石匠李延道（2022 年摄）

图 12.27　村里的石匠廖成材（2022 年摄）

图 12.28　东关桥拱顶细节图，看似杂乱，实则角度精准，受力均衡（2022 年摄）

　　黄露泉村内物产丰富，特产多样，有酸枣芽茶叶、野菊花、黑小米、黑山羊、黑猪、柿子等特产。村子优良的自然环境和丰富的物产，养育了世世代代的黄露泉村人。

图 12.29　黄露村有山鸡蛋、手工豆腐、野韭菜花酱、黑小米、红薯、柿子、黑山羊、黑猪等土特产（2022 年摄）

　　黄露泉村三面环山，山上生长着数十种野生中药材，例如酸枣芽、酸枣、野山参、蒲公英、枸杞、紫花地丁等。

　　村北轿顶山上生长着漫山遍野的野生酸枣树，酸枣树嫩叶可以制作成为极好的茶叶。每当仲夏时节，勤劳的黄露泉村村民都会早起上山，去采摘鲜嫩的酸枣芽。酸枣树树身长满了刺，酸枣叶细长，制茶所需的叶片为嫩叶，采摘的过程费时费力。

　　将采摘以后的鲜嫩酸枣叶，用甘甜的泉水清洗干净，再放入大铁锅中，用双手不断地翻炒大约一小时，叶片就会被炒干，这样酸枣芽茶就制作完成了。酸枣芽茶用 80-85 摄氏度的水冲泡口感最佳，酸枣芽茶在水中舒展，香气沁鼻，入喉温润。酸枣芽茶含有大量的维生素，能够起到定神安眠的功效。目前黄露泉村村民将其进行了深加工，制作成"小罐茶"，受到了众多消费者的追捧，村民们的收入也随之增长，酸枣芽茶已经发展成为村子的一张特色名片。

图 12.31 晾晒酸枣芽茶过程

图 12.30 炒制酸枣芽茶过程（2022 年摄）

图 12.32 冲泡中的酸枣芽茶

图 12.33 掩映在黄栌之间的黄露泉村（2022 年摄）

参考文献

［1］山东省历史地图集编纂委员会.山东省历史地图集·古村镇（征求意见稿）
　　　［M］.2009.

［2］山东省历史地图集编纂委员会.山东省历史地图集·古村镇（征求意见稿）
　　　［M］.2010.

［3］中华人民共和国住房和城乡建设部.中国传统民居类型全集［M］.北京：中国
　　　建筑工业出版社.2014.

［4］姜波.山东传统民居类型全集［M］.北京：中国建筑工业出版社.2015.

后记

　　传统村落是闲适的，是恬淡的，也是舒缓的。

　　在这里，百姓们春耕夏种，秋收冬藏，度过酷暑严冬；在这里，百姓们听林中鸟唱、塘中蛙鸣；在这里，一代代村民休养生息，婚丧嫁娶，创造着属于他们自己的信仰崇拜、伦理亲情、生活艺术，培养着他们自己的审美情趣……

　　这就是让我们魂牵梦萦的乡愁；

　　一个民族渗透在心灵中的传统；

　　一种穿透进精神深处的根脉。

　　留住家园，留住乡愁，不应当只是一部分专家学者的呼吁，而是我们这一代人的历史责任。

　　近年来，传统村落得到了前所未有的重视。2012年，是中国传统村落保护的"元年"，国家四部委、局启动了对传统村落的调查与认定工作。截至2022年，已开展了六批中国传统村落名录认定工作。

　　十年弹指一挥间，很多优秀的传统村落得到了较好的保护和发展，焕发出新的生命活力，也带动了当地乡村经济的发展。

　　济南是一座历史悠久的文化名城，在济南周边散落着许多深受府城文化影响、历史文化底蕴深厚的传统村落，一座座传统村落因地域不同，形成了不同特色，构成了不同区域人们多姿多彩的村落文化和生活方式。每一个传统村落都是历史发展的重要见证者，村落中遗留的传统民居、宗祠庙宇、古树名木、石板小巷，以及体现村民们生活智慧的民俗文化等，无不从里到外刻下了这个村落不可复制的烙印，成为独一无二的村落标志。无论从村落历史、人文环境还是村落民俗生活和非遗传承上，济南市的传统村落都具有深厚的可供保护和研究的重要价值。

　　然而，正像全国各地传统村落的命运一样，在时代的急剧变迁中，济南市的一些传统村落亦不同程度地被改造、被废弃，村落中越来越多的老宅坍塌、损毁，很多具有几百年传承历史的民间手工艺、民间曲艺、民间娱乐等民俗文化，更是渐趋消亡。这些凝聚了千百年农耕文明和历史文化、维系着人们精神纽带的传统村落，应该如何保护和发展？他们的命运该走向何方？是亟待引起社会各界共同关注和思考的大问题。

2018年起，为切实做好历史文化名镇名村及传统村落的保护工作，济南市住建部门启动了对传统村落的保护工作。我们与济南市住房和城乡建设委员会首次合作，选取了20个国家级和省级优秀传统村落，深入实地，用文字和相机记录下了这些传统村落中的古建筑、宗祠庙宇、民风民俗等，以图文并茂的形式，将济南市传统村落深厚的历史文化遗产呈现在读者面前。同时完成了《走进济南传统村落（一）》和《走进济南传统村落（二）》两部书作，受到广泛好评。倍受激励下，2022年，我们在济南市住房和城乡建设局支持下，重启传统村落的调研工作，不仅增加了调研的村落数量，将济南市20余个国家级和40余个省级优秀传统村落悉数收录，还收录了4个历史文化名镇名村，并新增了大量手绘图和测绘图纸，结合原来的两本书作，以行政区划为单元，最终完成了《寻访济南传统村落·章丘篇》《寻访济南传统村落·莱芜篇》《寻访济南传统村落·长清篇》《寻访济南传统村落·南山平阴钢城篇》系列丛书。这也是我们对保护济南市优秀传统村落做出的实质性行动。

时至今日，《寻访济南传统村落》系列丛书调研和撰写工作已落下帷幕。五年来，我们克服种种困难，行走在传统村落的街巷村头，停留在村民们的屋前门后，盘膝而坐听村里老人讲述他们的艰辛建房、拜师学艺、中草药采集等渗透着喜怒哀乐的过往日常。每一个传统村落都是丰富多彩的，那些带着浓郁地方特色的黄米、花椒，大山里救命的中草药，一代代传承下来的生产生活民俗、戏曲传唱等，与朴实的乡民紧紧相依，在炊烟袅袅的乡土里孕育着百姓的日常。正是这带着烟火味道的日常，赋予了这些村落深厚的生命内涵，组成了我们民族的根脉。因此，保护传统村落，无疑就是保护我们民族的"根文化"。

在这条路上行走，我们倍感荣幸！

值本书付梓之际，首先感谢济南市委副书记杨峰对本课题给予的关怀和支持，在杨书记的关心下，本课题的后续工作得以顺利完成。感谢住建部中国传统村落专家指导委员会副主任委员、清华大学建筑学院教授罗德胤对济南传统村落的长期关注，感谢济南市住房和城乡建设局长期以来对本课题给予的支持，感谢山东建筑大学学校领导祖爱民副书记、宋伯宁副校长对我们的研究工作长期给予的支持。感谢各县区、乡镇街道办事处住建部门工作人员在调查时给予的热情帮助，并无私地提供各种资料，以及众多热心村民的大力协助。他们才是乡村建设的第一主人，正是他们对乡村和家乡的深深热爱也激励着我们不断前进的脚步。感谢刘东涛、黄鹏及张荣华拍摄团队等志同道合的同仁、好友陪同我们一起走村串乡，更感谢参与村落调查的贺伟、董青峰、韦丽、李潇爽等同仁和周博文、仇玉珠、冯传森、张林旺、黄萍、薛鑫华、柳琦、王琦、李春、徐敏慧、何静、许鑫泽、刘李洁、骆思宇等各位同学，和你们一起进行田野调查的日子是永远美好的记忆。最后，感谢山东画报出版社，在他们的支持下，本套丛书得以顺利出版，特别是于滢编辑认真负责，反复斟酌版面设计，力求将济南优秀传统村落全新的面貌呈现出来。

　　本书照片绝大多数是参与调查的老师和同学所拍摄，书中所用规划图由各基层建委提供，未再一一标注，在此一并表示感谢。受时间和经验所限，我们深知对一个村落的解读单单依靠这些还远远不够，村落里那些宝贵的营造技艺、中草药、乡村特产、民风习俗等仍有待挖掘。希望以本书出版为契机，进一步加强对乡村文化的提炼总结，保护传承，转化创新。同时能团结更多热爱关心传统村落发展的同仁，共同把济南传统村落的研究工作推上更新的高度！

住建部传统民居保护专家委员会委员

山东建筑大学齐鲁建筑文化研究中心主任、教授